残念な介護現場を一瞬で変えるコミュニケーション練習ノート

Communication

諏訪免典子
NORIKO SUWAMEN

ぱる出版

まえがき

残念なスタッフを一瞬で変えるためには、まずは、相手の言いたいことを的確に掴みとることです。

うまく表現しきれていないことまでもおしはかり、

「おっしゃりたいのは、○○○ということですね」

とフィードバックします。

コミュニケーションには、5つの要点があります。

①適格者に（送り手が適格者と思っていても受け手が当事者ではないことがありますし、適格者だけに伝えることになっていたのに、他の者にも伝えてしまったなどという場合があります）

②正確に（省略することも過剰なこともよくありませんが、最も大事なことは数字を間違えないことです）

③決めた方法で（決めた方式や様式どおりで行なうことです）

④約束した時間に（約束した時間がそもそも合意されていないとか、送り手と受け手とが時間を取り違えていることもあります）

⑤感情を伝える（感情を押し付けるのではなく、素直に自分の感情を伝えることです）

残念過ぎるとか、相性が悪いからつきあわないということもあるでしょうが、職場やチームではそうとばかりは言っていられません。

職場やチームのコミュニケーションに欠かせないことがあります。あしらうことです。もてなすとか応対することをあしらうと言います。相性が悪いと思っているときは、「あしらう」です。「あしらう」には、3つの意味があります。

一つは、向き合って、相手をすることです。そのためには、挨拶をして、応対することが必要です。二つは、手加減することです。残念さに応じて加減を変える必要があります。三つは、寄り添い、手を当てることです。相手の横に立って、相手の肩に軽く手を当てて、「よろしくね」など交流を促すことです。この1、2、3のステップは、残念な相手をある瞬間で、それこそ一瞬で変える手順です。

変えるためには、きっかけ、気づき、行動です。本書が、「残念な介護現場を変える」きっかけと気づきになることを願っています。

諏訪免典子

残念な介護現場を一瞬で変える
コミュニケーション練習ノート

もくじ

第1章　残念なスタッフを一瞬で変えるコミュニケーション術

第2章 困った上司が一瞬で変わるコミュニケーションのコツ

第3章

あなたがはじめる！　介護現場の「もんだいかいけつ」の基礎知識

【問題解決脳の鍛え方】

第4章 「介護の仕事、これからもやっていけるかな」と思っているあなたへ贈るいくつかのアドバイス

第1章

残念なスタッフを一瞬で変えるコミュニケーション術

1 ケアの仕方が日々ちぐはぐで「継続性がない」。どうアドバイスしたらいいの？

「どうして、昨日のやり方と違うの？　昨日は良かったけど、今日はダメというのでは困るのよ。ケアには継続性が必要よ」

利用者に対しては、生活の仕方に配慮した、継続したケアを実践する必要があります。ケアは、ケアプランに則って展開されていくものです。そこではケア担当職間で情報を共有し、統一したケアが実践されなければなりません。

ケアに継続性がないのは、ケアの基本、ケアの根拠、利用者の状態の変化に合わせてアセスメントがなされていないからです。その日、その場で業務をこなしているという「場当たり的」な状況に陥っているからです。

継続性のないスタッフには、「ケアとは何か？」を問いかけ、ケアの継続性とは何かを自己課題にさせて日々のケアを実践させてください。ケアとは、個人や家族、地域社会が健康を取り戻し、できる限り質の高い生活ができることを目的として協働し、かつ支援するための活動です。そこでは、昨日と今日、そして明日への、利用者のケアの継続性を考えることができる図のようなスタッフ同士の関わり合いが必要です。

ポイント　**振り返りの習慣をつけると継続性を意識するようになる↓仕事が変わる!!**

スタッフ同士で１日のケアを「振り返ってみよう」

ステップ1

一日のケア業務が終了した時点で「今日の振り返り」を行なう

「今日の自分のケアはどうだったのか」を振り返る。その日に担当したすべての利用者でなくとも、一人の利用者に対して振り返るだけでも意味がある。振り返りを通して、利用者に対するケアの継続性を考えることができるからだ。

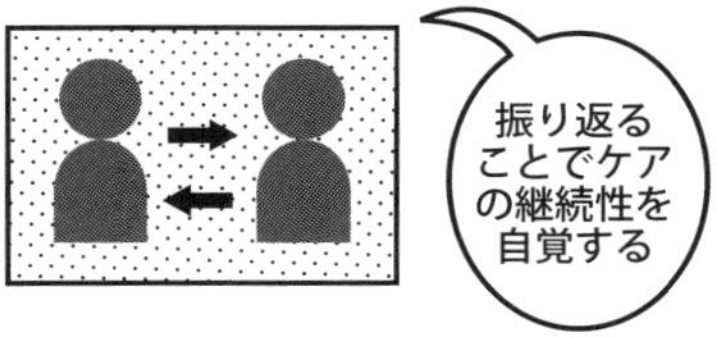

ステップ2

「明日は今日の連続である」ことを意識する

１日の業務の終了時点で、「明日は今日の連続」であることを意識しつつ、明日のケアの仕方をイメージし、ケアに必要な準備を済ませる。ケアは場当たりではないことを自覚して、ケアそのものを学び続ける姿勢が必要。

2

「できないのだから仕方ない」と開き直って反発してくるケア担当職にどう対応するか

「帯同して介護技術を経験させようとしていたら、利用者の前で、いきなり『見学します』とは何よ。確かに見学かも知れないけれど、ケアスキルを修得するための観察でしょ、わかってよ」

ケアスキルの基本を現場で実践することがケア担当職としての仕事始めです。

ただし、「できない」「わからない」「教えてもらっていない」が通用するのは入職直後だけです。

「知識や技術が未熟だから、ケア業務に自信が持てない」、そんなことを言っていたら、いつまでたっても専門職にはなれません。

学校で習った基礎教育で不得手だったことは、克服しなければなりません。

不得手なスキルを活用しなければならない場合は、「できない自分」に不安を持つのはいたしかたのないことです。できないことをしなければならない恐怖から精神的に混乱しているからとも考えられます。

「できない」「わからない」ものを、「(できるように)したい」「覚えたい」という具合に意識を変えさせていくためにどうしたらいいのでしょうか。

現状の介護系大学等の、学校における介護基礎教育の内容では実践能力としては不十分です。介護基礎教育の内容にも課題があります。

なぜなら、臨床に当てる時間が少ないことと、臨床における指導体制が十分ではないからです。

そこで、標準的な介護技術チェックリストを活用して評価することにしてください。

チェックリストを活用して、**一定期間後の到達目標を設定し、「できていること」「できていないこと」の状況を経過観察していく**ことが必要です。

「できない」ことを「できる」→「わかる」→「できた」へ展開させて、仕事の喜びを体で覚えさせつつ、学ぶ意欲へつなげていくことが大切です。知識を深め、技術を磨き続けることは、ケア担当職の責務ではないでしょうか。

ポイント

スキル到達の目標を立てて知識を深め、技術を磨き続ける

☑ 介護技術のポイント・チェックリスト（新人教育）－①

■【食事介助】

- □ ①利用者の健康状態を確認する 「体調はいかがですか」
- □ ②ケア実践の事前説明と同意を得る 「これから朝ご飯です。さあ、まいりましょう」
- □ ③排泄の確認、手洗いを促す 「お手洗いはお済ですか」
- □ ④食事手段の選択を確認する 「食堂にいきましょうね」
- □ ⑤自助具等準備物品（箸、フォーク等）を確認する 「お箸はここにあります」
- □ ⑥配膳の配置（健側か）を確認する 「こちらに置きますね」
- □ ⑦椅子の高さ、テーブルの位置、姿勢を確認する 「椅子の後ろにお尻を置いてください」
- □ ⑧食事中、麻痺側に気配りする 「こちらはお取りになれますか」
- □ ⑨食事摂取量及び食後の状態観察を行なう 「完食ですね、お腹、大丈夫ですか」

■【排泄介助（ポータブル）】

- □ ①利用者の健康状態 「体調は宜しいですか？」（Yes/No の答え）
- □ ②これからやることの説明と同意
- □ ③ポータブルトイレを正しい位置に置く。端座位から立位（ふらつきの有無を確認）
- □ ④ポータブルトイレの前で、ズボン・下着を膝の下まで下ろす
- □ ⑤便座に座る。安定した座位、離れる事を声掛け。健側にベッド（安定性）
- □ ⑥片麻痺がある場合は健側の手足を活用
- □ ⑦排泄後、利用者の立位保持に配慮し、下着、ズボン等を整える
- □ ⑧排泄後の手洗い
- □ ⑨不安感、不快感の確認

■【排泄介助（オムツ交換）】

- □ ①利用者の健康状態 「体調は宜しいですか？」（Yes/No の答え）
- □ ②これからやることの説明と同意
- □ ③カーテン、スクリーン等でプライバシー保護
- □ ④陰部や臀部をきれいに拭く
- □ ⑤オムツのしわを伸ばし、男性は前部、女性は後部を厚く。
- □ ⑥オムツの上端を腸骨部に合わせる
- □ ⑦腹部を圧迫しない
- □ ⑧鼠径部は動きやすく
- □ ⑨オムツがオムツカバーからはみ出していないか
- □ ⑩衣類、布団を整え安楽な体位に

☑ 介護技術のポイント・チェックリスト（新人教育）ー②

■【ベッド介助（移動、座位、立位）】

□ ①利用者の健康状態「体調は宜しいですか？」(Yes/No の答え)
□ ②介助の説明と同意
□ ③運動・移動手段の適切な選択・実施の確認
□ ④ボディメカニクス活用、安全な移動
□ ⑤人間の自然な動き
□ ⑥自力で動けるところは出来る限り動けるように
□ ⑦座位の際、ベッドは足が床につく高さ
□ ⑧端座位から立位になる際、膝折れ注意（保護）
□ ⑨運動・移動の体勢・体調の確認
□ ⑩利用者の意向や意思の尊重

■【歩行介助（杖）】

□ ①利用者の健康確認(身体状況の確認）「体調は宜しいですか？」(Yes,/No で答えて頂く)
□ ②介助の説明と同意
□ ③排泄の確認
□ ④歩行手段の適切な選択・実施、準備物品の確認
□ ⑤杖の事前点検
□ ⑥立位保持「ふらつきはありませんか？」
□ ⑦介助者は患側後方に立ち、安全確認しながら介助
□ ⑧利用者のペースに合わせて歩行できるよう配慮
□ ⑨方向転換や段差ではいったん止まってから次の行動へ
□ ⑩利用者の人格を尊重し、プライバシーを侵さないように

■【移乗介助（車椅子）】

□ ①利用者の健康状態
□ ②介助の説明と同意
□ ③移乗手段の適切な選択・実施、準備物品の確認
□ ④車椅子の事前点検（タイヤ、グリップ、アーム、フットサポート）
□ ⑤ベッドは足が床につく高さか
□ ⑥自力で移乗できるよう車椅子を健側足元に置いたか
□ ⑦できる限り利用者の健側ベッド再度に介助用バーや手すり（自力で起きてもらえれば）
□ ⑧移乗時の膝折れ注意
□ ⑨車椅子移乗後の体勢の確認（身だしなみ）
□ ⑩利用者の意向や意思の尊重
（移動の際、段差等ではいったん停止し「段差を越えますよ」の声かけ、安全な段差越え）

☑ 介護技術のポイント・チェックリスト（新人教育）ー③

■【清潔介助（清拭）】
□　①利用者の健康状態
□　②介助の説明と同意
□　③排泄の確認
□　④利用者の健康状態に応じた方法と体位、場所
□　⑤必要物品の確認（すべてそろえておく）
□　⑥湯温、室温の確認
□　⑦石鹸分が残らない様十分拭きとる
□　⑧体の拭き方
〔手順 1. 末梢から中枢に向かって（指先から心臓に向かって）→手順 2. 腹部は腸の走行に沿って「の」の字→手順 . 陰部は前から後ろに向かって（女性）〕
□　⑨清拭時、利用者の保温とプライバシーの保護
□　⑩介助全般を通し、利用者の意思や意向を尊重、利用者の尊厳を守る

■【入浴介助（部分浴）】
□　①足浴や手浴の場合は足の指や手の指の間も丁寧に洗う
□　②陰部洗浄は前から後ろに向かって洗う（女性）

■【入浴介助】
□　①利用者の健康状態
□　②介助の説明と同意
□　③排泄の確認
□　④利用者の意向や意思を尊重
□　⑤自立支援
□　⑥入浴介助の適切な選択・準備、実施
□　⑦シャワーチェアから浴槽への安全な移乗
□　⑧湯温や室温の調節、安全確認
□　⑨プライバシーを守り尊厳を守る
□　⑩入浴介助中、体調や皮膚の観察

☑ 介護技術のポイント・チェックリスト（新人教育）－④

■【着脱介助（衣服）】
- □　①利用者の健康状態
- □　②介助の説明と同意
- □　③排泄の確認
- □　④着替えの衣服の確認、または選んで頂く
- □　⑤自立支援（健側で着脱をして頂くよう声かけ）
- □　⑥健側から脱ぎ、患側から着たか？
- □　⑦室温の調節、安定した座位、立位時ふらつき確認
- □　⑧プライバシーと尊厳を守る
- □　⑨衣服着脱介助時、体調や皮膚の観察

■【レクリエーション支援】
- □　①目的にあったレクリエーション
- □　②対象者個人のレベルにあった内容か
- □　③レクリエーションの計画立案力
- □　④難しすぎないか？
- □　⑤説明はわかりやすかったか？（声の大きさ、内容）
- □　⑥対象者の気持ちを盛り上げる声かけ、働きかけができていたか？
- □　⑦本人の力が発揮できる工夫をしていたか？（残存能力）
- □　⑧安全に配慮できていたか？（事故防止）

■【自宅復帰＆自立支援】
- □　①自宅復帰等利用者の希望を確認する　「週末はご自宅に帰りましょうか」
- □　②自立を支援する　「そろそろ、ゆっくり歩いてみませんか」
- □　③利用者の意向や意思を尊重するコミュニケーション　「午後、ご家族がお越しになりますが…」

3 「マニュアルにないからできない」と言う要注意スタッフにはどう対応したらいいのか

「『マニュアルにないことはしていません』って……、そんな考え方が現場で通用すると思っているのかしら。**本当はケアの基本がきちんと身についていないだけじゃないの**」

介護基準や介護手順は、仕事上のバイブルです。指針やガイドライン、マニュアルは、自己流や自分勝手な方法での実施を避け、統一するための基本書です。

ケアスキルを習得するまでは、必ず事前にマニュアルで確認して、ケア実施後には再度確認を行なうことが重要です。

マニュアルがないからできない――これは正しいし、叱るわけにはいきません。そうならないために些細なことまでマニュアル化するのも1つの方法です。

しかし、**目の前に困っている人がいるのに、マニュアルがないから何もしません、では済まないことがあります。マニュアルがないからケア業務ができないという事例の多くは、ケア業務の基本を理解していないからではないでしょうか。**

基本とは物事がそれに基づいて成り立っている根本です。基本を熟知していない者には応用力を発揮することはできません。応用とは、原理や知識を実際的な事柄に当てはめて利用することです。

応用力が高いとマニュアルにのっていないことでも、補足することもできます。マニュアルは手引きですから、すべての状況に適合するものではありません。また、マニュアルが想定していることが、ドンピシャの状況ではないとしたら、マニュアルどおりに実践していればよいということにはなりません。

そこで必要なのは、利用者の状態を観察して、自分で考えて、その場でマニュアルを補足し、あるいはマニュアルとは異なる処置が必要ではないかという判断力です。つまり、ケア担当職には、「バリアンス（乖離）」を見極めながら、予測し、実践していくことが求められています。

バリアンスとは、たとえば、利用者の状態が変容して、ケアプランどおりにケアできないなどの乖離を言います。

冒頭のような「マニュアルにないことはしていません」というケア担当者については、常日頃どのような行動をしているかを知っておくことが大切です。つまり、常日頃、マニュアルどおりに実践しているか、あるいはしていないかということです。

マニュアルを熟知していない、見落としている、自分勝手な判断をしているとしたら、マニュアルにのっていないからわかりませんと主張することはできません。マニュアルにないことはしていませんという者は大体のところマニュアルを理解していないものです。

ポイント

現場で働くケア担当者にはマニュアルにないことを補足する応用力が必要

一人前のケア専門職になるための３つのステップ!

ステップ１　マニュアル依存型

マニュアルどおりに実践することが基本であり、一人前の専門職への第一手順は、マニュアル依存型であっても構わない。

↓

ステップ２　マニュアル応用型

次の手順はマニュアル応用型。マニュアルでは対応できない事態を予測する段階。ケア担当者が自分で予測できた時点で、先輩に指示を仰いでいるかを確認する必要がある。これは、安全・安心なケアの提供のためには、たとえ些細なことでも、管理者や先輩に相談できる（相談しやすい）職場づくりをしなければならないということ。マニュアルにはない処置が必要になった、マニュアルが定めている必要な備品がない、よってその時点でお手上げではマニュアル応用型としても失格だ。

↓

ステップ３　マニュアル見直し型

第三手順はマニュアル見直し型。時間や状況に対応してマニュアルを改訂していく。ケア担当者がマニュアル改訂のためのデータを報告することができるようになるとまもなく一人前だ。

④ 連携業務が多いから、チームで動く介護現場では「声出し確認」はつきものよ

「声出し確認と言いますけど、居室はノック、スタッフルームはボードに記載するだけでいいと思います」

「私だけではないのに、他の人も声出ししていませんけど」

●「やっていないのは自分だけではない」という状況を放置しておかない

チームで動くケア行為では、「声出し確認」は、習慣化したい行動の一つです。たとえば、居室入室時にスタッフ名を声出しする、スタッフルームを離れる時は「○○に行ってきます」などと、行き先を明確に声出しするなどです。

書類やボード等に転載や記載をする時や、申し送りをする時は、目追い確認や声出し確認をするなども習慣化したいものです。

声出し確認は、安全に関することやケア実践に関すること、たとえば、機材の運転開始および運転終了には指差し確認や声出し確認などは必須手順です。

スタッフルームを離れるときなどは、ケア業務の多くは連携することが多いので、「誰が、今どこにいるか」の所在確認の必要性からしても声出し確認が必要です。

標準どおり行なったが失敗した事例として、「機材開始ボタンの押し忘れ」があります。開始前に声出し確認をし、スイッチを押すことになっていても押し忘れがあるものです。「運転開始します」という声出し確認だけでは十分ではありません。「スイッチオンしました」というフォローの声出し確認が欠かせません。

声出し確認は職場ぐるみで行なうものです。している者としていない者がいるようでは効果は期待できません。

そこで、管理者が率先して声出し確認をすることです。

先輩は後輩に自らやらせてみて、慣習化するまで徹底することです。していないのは自分だけではないと思っている者を放置していては慣習化できません。

ポイント **声出し確認は職場全体で実施して初めて効果があるリスク管理の基本コミュニケーション**

5 介護記録は『日記』じゃないのよ。いつも使っている話し言葉が誰にでもわかると思わないで！

「話し言葉に近い記録だよね。頑張っています、という書き方は事実を正しく、わかりやすく書いたことにはならないんじゃない。意味を理解できない人もいると思うよ」

●介護記録は「何のために書くか」を考える

介護記録の良否をどのように評価するのかが問われます。介護記録は何のために書くか、これが評価の肝心なことです。記述する内容は、事実である、誰でもわかることが基本です。

介護記録の評価は誰が行なうのかも課題です。ケアの実施時は、新人にはＯＪＴ（プリセプターシップとも言い、先輩が後輩に技術等を伝承するしくみです）、交替制勤務者には次勤務の勤務者、同じ勤務制の勤務者にはリーダーなどが行なうことになります。定期的な評価は、介護記録に関する委員会が中心となって点検するとか、介護記録係を選任し、チェック表を用いて、月1回の割りで定期的に介護記録を点検するなどという方法もあります。

肝心なことは、評価結果です。結果は、本人に戻し、必要な訂正を求めるようにします。介護記録はおおむねケアプランや介護診断と連動しています。利用者に提供した介護の事実を後々に伝える必要から書き記したものを介護記録と言います。

介護記録を標準化するためには、まずは介護用語や略語を統一し、共有化することです。

記載内容が好ましくない介護記録を例にとります。

介護記録に、「おしっこをもらして、てんぱっている」という記載がありました。

先輩「この記録についてどう思う？」
本人「う～ん。何かおかしいですか？」
先輩「これは介護記録としてどうかなぁ」
本人「介護記録なのですが……」
先輩「そうかな」
本人「事実ですし、正しく、わかりやすく書きました」
先輩「介護記録は提供したケアを正しく伝えるために必要でしょ」
本人「そうですよ……」
先輩「介護記録として残すために、よりよい表現はないかなという視点から考えてみようよ。どうしたら良いと思う？」
本人「う～ん。尿失禁したことで、とまどいが見られる、ではどうですか……」
先輩「そうだね。それなら、よりいいね」
本人「なるほど！　納得です」
先輩「今後も、記録を見直してもらうことがあると思うけどよろしく」

頭ごなしに命令するやり方は好ましくありません。要は、なぜ訂正が必要なのかを気づかせる指導です。

ポイント　介護記録を誰が評価するかを決めておく

❻ 利用者に寄り添っているのだけれど、「暮らしの態様に応じたケアがある」ことも理解してほしいかな

「利用者が自分ひとりではできないことを見極めて、ケア担当職が世話をするということを理解しているの」

●暮らしの基盤にあるものは、摂取・排泄・就寝・起床・起居・歩行

生活の支援対象は暮らしの態様です。暮らしの態様の基盤は、摂取・排泄、就寝・起床および起居・歩行です。それぞれのポイントについて見ていきましょう。

(1) 摂取・排泄

①服薬指導

服薬確認を行なうためには、内服までの一連の流れを項目別にまとめ、それを標準化する必要があります。標準に沿ったチェックシートを使用し、服薬できたかできなかったかをチェックします。服薬ができなかった時は要因を洗い出し分析する必要があります。

特殊薬は服薬マップ一覧表を作成するなどして、間違いやつもり違いがないように点検し確認します。服薬確認時に発生することとして、飲み忘れや歯磨きの際に錠剤が口から出てしまったなどということがあります。

②トイレ誘導

トイレ誘導はマニュアル化の必須対象です。標準化の必要性があります。

アセスメントおよび行動の視点として、次の項目を組み込んだうえでケアプランを立案することです。

◎アセスメントの項目

・利用者に尿意、便意の感覚があるか
・尿意、便意を訴えることができるか、またその方法をどうするか
・一日の排泄パターン、回数、タイミングをどのように記録するか
・利用者のＡＤＬの範囲、麻痺や運動障害の程度をどのように把握するか
・居室とトイレの距離、配置

◎ケア行動の視点

・安全への配慮
・利用者が排泄行動を失敗した際のフォローの仕方
・利用者、家族との協働
・理学療法士・作業療法士との連携

標準化するためには、チームメンバーで排泄をテーマとした話し合いを行ない、その中

で必要とされる共通項目を抽出して討議を重ねて作成します。
以下、管理者がケア担当職を指導する場面です。

管理者「利用者さんがトイレで転倒してしまったことを聞きました。どういう状況だったの?」

担当者「はい、利用者はちゃんと座っていたから、トイレが終わってコールが来るまではそのままで大丈夫だろうと思っていました。それに、これまでもそうしていましたから」

管理者「ケアプランでは、どういう**観察ルール**が必要だったかしら?」

担当者「はい、介助中は利用者から目を離さないように、と決まっています」

管理者「そうよね、今回の転倒事故は、アセスメントにおいて利用者のADLが十分に把握できていなかったことと、安全への配慮がなされていなかったために起こったのね」

担当者「はい」

管理者「では、なぜ、そうしたことができなかったの?」

担当者「えーと、大丈夫だろうという思い込みがあったのだと思います」

管理者「そうね、思い込みによる判断でしたね。それから、ケアプランはどうだったかしら?」

担当者「ケアプランは……確か、『安全に排泄行動の自立ができる』だったと思います」

管理者「そうね、ではこうした事故が起こらないようにしないとね。**標準から逸脱して自**

己判断に、勝手にケア内容を変えてしまうのはよくないわ。根拠に基づいていないためにこうしたリスクが発生するのよ。ケアを統一していかないと、ケアの質も落ちることになるわ。標準を守ることの必要性が理解できたかしら？」
担当者「まあ、だいたいは……」
管理者「だいたいでは困るけれど、それじゃあ、カンファレンスで他のメンバーとも話し合ってみましょう」
担当者「はい、ありがとうございました」

一つひとつ自分で状況を確認できるような質問をしていき、自分自身で気づき、結論を出せるように導いていくことによって効果的な指導を行なうことができます。

（2）就寝起床

①ベッド整備

シーツ交換時に呼吸状態など全身状態を観察し、汚染の有無などを確認し、データとして記録します。

以下は指導場面です。

・リーダーが毎朝、日勤者が出勤する前に全居室をラウンドします。
・午前8時15分、居室ラウンド時、ベッド柵が床に置かれていたのをリーダーが発見します。

・夜勤者に、誰が行なったか、なぜ床に置いたのかを確認します。そして、床に置いたらどのようなリスクがあるのかを問いかけます。
・本人に自分の行動を振り返ってもらい、気づきを得てもらうためです。床に置くと不潔、事故の原因になることを認識させ、柵を収納する定位置があることを周知します。その後、**朝礼等**でスタッフに伝達して、みんなで共有します。その日に不在のスタッフには**連絡ノート**で伝達することになります。

【ケアのポイント】……………………………………………………●

ポイント1　施設内で転倒転落が問題となっていたので、ベッド整備の面からの予防・改善が必要とされ、施設として転倒転落予防シートができた。
⬅

ポイント2　転倒転落予防シートが記録と連動していて、各勤務帯でチェックできる（だれがどう行なったか）。
・利用者のADL……ベッドの高さが利用者に合っているか
　ベッド柵の固定が必要か
　柵をいつ使うか
⬅

・どう確認するか〔評価基準〕……チェックシート↓実際と違うときは確認する

再評価→1週間毎に、みんなで話し合う

・直接言うか行動させてみて自己確認をさせるかを判断する

・手順があればそれを見せて指導をする

⬆

ポイント2　直接その場でやってみせる

・何が問題かを知らせる

⬆

・気づいた先輩が現場で直接指導する場面である。

・帰室した。先輩が通りかかった。

・ストッパーがかかっていないことに気づきストッパーと高さを確認し、調整した。

後　輩「利用者はおりないと思って……」

先　輩「おりないとしても高いと危険でしょう」

（2）転倒・転落防止

転倒・転落事故防止をマニュアル化している施設では、まずは、マニュアルどおりに実施します。

①実施

安全対策マニュアル（標準化）にしたがって実践します。予防対策チェックシートを作成し、チェック項目に沿って計画立案します。ハイリスクの利用者の安全確認を行ないます。観察しながら予防策を実施します。

インシデント（事故となる可能性のある偶発事象。ヒヤリ・ハット、KY＝危険予知なども言う）に至ったものに関しては、その時点で事例の振り返りを行ない、全体への注意喚起を行ないます。

インシデントレポートを提出し、全体でカンファレンスを行なって必要な範囲でケアプランを修正します。事例の共有のためレポートのコピーを全体に回覧し、意識づけします。

転倒転落防止のフローに沿った行動ができたかを確認します。

【事例】

ケア担当職がベッド上で清拭を行なっていました。利用者は、サークルベッド内にいて柵を下ろし、ケア担当職はベッドサイド近くにワゴンを横づけし、必要物品をおいて実施していました。

実施していた最中に石けんがないことに気づき、柵を上げないまま室内の洗面台に石けんを取りに行きました。戻ってみると利用者が床の上に転落し、腰部を打撲していました。

この事例は、強く叱責したい事案ですが、ひと呼吸をおくことにします。

①忙しさを労う
②状況を担当者に確認する

②類似した事例があることを知っているか確認する
③自分で判断した経緯、どう予測したかを確認する
④どうするかを一緒に考える
起こった時点で直後の対応をしたのちに、再発防止対策を考え、全体へ周知して、必要な場合にはマニュアルを再確認することが肝心です。

（3）起居歩行指導

基本的な移乗動作の介助方法について、臥床、車イス、歩行レベルに応じて標準を作成します。利用者の状態レベル（右マヒ、左マヒ、四肢マヒ、認知レベルなど）に合わせてケース別に介助手順を作成します。

ポイント　**質問を通して状況を確認し、自分自身で気づかせるように指導する**

7 利用者とよく話もするし、動きも目で追っているけど、もう少し「観察」の指導が必要ね

「利用者観察とは、利用者の真の姿を間違えないようによく見て、利用者の状態を理解することよ」

●利用者の状態を観察する基本は何か

利用者の状態を観察する基本はどのようなことでしょうか。

たとえば、ＡＤＬ（日常生活動作）に関する評価をデータベース化して記録に残します。ＡＤＬは、日常生活を営む上で、日々の行為、行動のことです。食事、排泄、整容、移動、入浴等の基本的な行動を指します。

利用者の状態観察を行なうことによって、自立、見守り、全介助、一部介助などケアの質向上につなげていきます。

①変化予測

年齢や病気の特性そしてＡＤＬから標準的な予測ができるものの、さらに利用者の個別性に着目する必要があります。そのためには、入所時の状態を観察し、データベースに記録します。そして、その後の変化を記録し続けます。

②観察の仕方

入所時の聴き取り内容は、情報収集の基準に基づいて行なっています。基準は施設全体で話し合いを行なって観察項目を設定します。入所後の起居の変化に関しては、ケアプラン等を確認しつつ把握します。

誰がいつ点検あるいは観察したのかもわからないようではよくありません。観察項目を定めて観察し、その結果をデータベースとして残します。

観察結果を評価する段階で指標が無いと、個々の担当者の判断によることになりますので、対応にバラツキが出てしまいます。観察結果を予め定めた指標により判定し、判定結果をケアに役立てることです。

③対策の樹立

判定結果を施設全体で共有化し、未然に事故を防ぐ対策を樹立します。また、入所時の聴き取りで、得た情報を参考にします。高齢者に起こりえる状態などについて知識を持っていることが必要です。

④指導の仕方

効果的な指導をするには、時機、タイミングが大切です。

最も重要な指導は、標準どおりにやらないで失敗した部下に対する時機です。その場合、標準通りに行なわなかったことで起こり得るリスクを例示し、なぜそれをしなければならないのかを説明します。

利用者の「確認」を怠ったスタッフに対する、2つの指導場面を例示します。

【事例1】在室利用者の確認を怠ったスタッフの事例とその指導ポイント

「スタッフが、16時に行なう利用者の確認を怠ったために、2時間もたった18時に無断離室が発見された」という事例。

スタッフに対する指導ポイントには、次のようなものがあります。

《指導ポイント》

・ポイント①

落ち込んでいるスタッフに対して、まずは利用者が無事発見されたことを伝えて安心させます。

「安心したわよ。あなたも不安だったでしょう」とスタッフの気持ちを気遣っていることを伝えます。

・ポイント②

スタッフに、なぜ16時に在室確認をする必要性があるのかについて確認します。そして、理解していてもできない状況があるとしたら、どうしたら実施できるかをスタッフと管理者で一緒に考えます。

・ポイント③

同じようなことが起こらないようにするための具体策を考えます。利用者の無断離室時の対応など、利用者の安全を守るためには現場で行動できるマニュアルが必要です。すでにマニュアルがある場合は見直しをしたり、他の介護施設で実施しているもので参考になるものがあれば、職場に合うようにマニュアルを改訂します。

・ポイント④

スタッフに対して、具体策通りに実行させます。

実施確認は、マニュアルチェックシートを用いて行ないます。チェック項目は評価しやすい内容にします。

【事例2】入浴時の確認を怠ったスタッフの事例と指導ポイント

「入浴時の確認は、5分、10分、15分、20分と、5分おきに入浴中にインターフォンで状態を確認することにしている。日中の入浴確認時に、15分後の確認を怠って、20分後に風呂に確認しに行ったところ、倒れているのを発見。狭心症の利用者が発作を起こした」という事例。

スタッフに指導する点は、他の利用者に呼ばれてしまい確認できなかったときは、リーダーや他のメンバーに伝え、他の人に代わってもらうようにすることを説明します。

《指導ポイント》

・ポイント①

タイミングを見て、本人が聴く態度がとれる状況で行ないます。

・ポイント②

なぜできなかったのか、という相手の気持ちを受け止め、標準通りに行なえるようにするためにはどうすればいいのかを話し合い、できないときは他の方策を考えるように説明します。

・ポイント③

指導した後はその効果があったかどうかを確認します。具体的には、適切な指導であったのかどうかを評価するために、その後の部下の行動を確認します。

ポイント　観察の仕方の標準を定め、標準通りに行なわないスタッフがいた場合は、その場で指導する

8 今まで仕事の不平不満など口にしたことがなかった部下からの「訴え」への対処法&助言のコツ

●どうにかして欲しい、解決して欲しい、助言して欲しいから「訴えてくる」

部下が直接上司に訴えてくるというのは、よくよくのことです。

その場合、それがたとえ同僚への不平不満だったとしても、人の悪口を言うものではないなどとたしなめないで、訴えを真摯に受け止めて、打開策を提示するか、助言を行なうことです。

組織管理上あるいは運営上の課題となる場合は、管理者として適切な手を打たなければなりません。そして、訴えてきた本人に対する対応もないがしろにできません。

以下、訴えの事例とその対応について見ていきましょう。

【訴え・その1】「自分の仕事の評価結果を見せて欲しい」

他人の評価は気になるものです。でも、部下に見せて欲しいと言われた管理者としては、悩ましい問題です。

「評価を見せて欲しいと言われて見せることもしたくないし、かといって『見せない』と紋切調で断るとその後のコミュニケーションにひびが入りかねません。困っています」

部下から相談や訴えを受けたら、いずれは評価基準を公開し、評価結果を通知することにしてみたらどうでしょうか。

評価の結果は、評価された本人が知り、意識して、修正するために活用するものです。なぜその行動が大切なのかを知って、本人は初めて受け入れます。そして、その行動ができるようになるまで自らの行動を修正します。

価値観や自己認識などは、個人の生き方に関わる領域ですから強制的に修正しようとすると、わだかまりが生じて効果が出にくいばかりか反発を招くことにもなりかねません。

【訴え・その2】「相談した内容を勝手に漏らしてしまう同僚をどうしたらいいか」

この訴えに対する助言は、「相談する相手を選びなさい」です。ここだけの話が、「ここだけ」ではすまないのが世の常です。「ここだけ」と断りを入れることそのものが他者にも伝えて欲しいという意思表示と受け取る者が多いものです。

勝手に相談ごとを漏らした同僚を責めても人間関係がギクシャクするだけのことです。相手を責めるよりも、相談相手を間違えてしまったことを気づかせたいものです。

きちんとしている者は、「きちんとした対応」をするものです。管理者が他の人に漏らすようでは始末が悪すぎますが、相談ごとを漏らしてしまった同僚についてはしばらく観察するとよいでしょう。

あっちに行ってはペチャクチャ、こっちに来てはああでもないこうでもないと無駄なおしゃべりをする人物は、どこにでもいるものです。

【訴え・その3】「あの人とは一緒に働きたくないんですけど……」

なぜその人を嫌いになったのかという理由がわからないと的外れの助言になってしまいますので、まずは働きたくない同僚との日頃の関係を聞き出します。そうして、一緒に働きたくないと思うようになった「きっかけ」ともいうべき事柄を把握することが先決です。

介護現場ではチームでケアを実践しますから、誰とは組みたくないなどというのはわがままそのものですが、人間関係がぎくしゃくしたのは他愛もないことが原因である場合も多いものです。

訴えてきた本人から事情を聞いた段階で、こう問いかけをします。

「あなたには、一緒に働きたくないという同僚はいるの？」

この問いかけに対して、「はい。います」、「どんな人」、「A子さんです」。ここまではっきりしていたら2人の溝は深く、両者の葛藤はもつれにもつれています。少し、時間をおいてから、訴えてきた人とA子さん、それと管理者の三者による会合をもって解決策を探ることにします。

【訴え・その4】「スタッフステーションで電話を使ってベラベラしゃべる」

仕事はして幾らです。職場は生活の糧を得る場です。施設の電話を使用して私用の話をするなどというのはプロ失格です。

しかし、プロ失格と判断をする前に、管理者としてなすべきことがあります。「スタッフステーションは誰のためにあるのか」と問いただしてください。スタッフステーションは、そこで働くスタッフのため、利用者のためにあります。

スタッフステーションは待機の場ではありません。スタッフステーションはケア実践の場です。利用者のために申し送りや申し受けをする場、カンファレンスをする場、介護記録を記入する場、利用者のための場所です。

【訴え・その5】「自由勝手気ままに行動して、人と協調しない」

「できる」、「すべき」から「役に立つ」ケアを実践していくために、チーム行動は欠かせません。

自由勝手気ままに行動する担当者が存在するとしたら、管理者の管理に対する姿勢が問われます。

個性を尊重し合い、個性を生かし合う組織を作り上げていかなければならないという思いが強いせいか、自由勝手気ままに行動させることは止む無しとしたら心得違いです。管理者は厳しさと優しさを兼ね備えたいものです。組織は、トップに行けば行くほど結果責任が問われます。

今、この業務をするのはなぜか、とりうる手段は何か、どのようにケアを実践するのか。それを上司自らが示せば、下もそれにならうものです。スタッフの人格を認めつつ、ケアに求められる能力を向上させていくためには、優しくかつ厳しい育成が必要です。

管理者は、質問することは育成することと考えてください。できる限り質問の時間をとらなければならないと思ってください。そうしないと自由勝手気ままに行動するスタッフ、同僚と協調しないスタッフが幅をきかせることになりかねません。管理者がスタッフに問いかけをします。スタッフが考えて答えます。これは、管理者の行なう担当職を育成する日々の活動です。

【訴え・その6】「特定の者とばかりつるんでいる人がいる」

人には相性があるので好き嫌いを感じるのはいたしかたないことです。そう考えると特定の者とつるむのも認めたくなります。

しかし、それは職場の外のことだけにしてほしいものです。ミュージカルが好きな者同士が連れ添ってシアターに行く、サッカーをサッカーが好きな同士で観戦する、テニスやゴルフを気の合う仲間と楽しむ……。

それを仕事にまで持ち越されたらたまったものではありません。特定の者とつるむのを見てみないふりをしていると困ったことが発生します。自分の好みで利用者に対するケアに差をつけるようになるからです。切磋琢磨し、相互研鑽する関係が求められています。

【訴え・その7】「マイペースで人の意見を聞かない」

マイペースは必ずしも悪いことではありませんが、人の話を聞かないとなるとチームで仕事をする介護現場では困りごとです。

「人の意見を聞かないのは困りものよ。たぶん、人の意見に従うことは、相手に支配されることと思っているのではないのかな」

たとえば、ある人があなたに対して意見を言うのは、その人があなたに関わっているから言うのであって、あなたのことをどうでもいい人と考えて、無視していたら意見は言わないものです。そうであるとしたら、相手の言っている事柄を受け入れることは大切ではないでしょうか。相手の意見を受け入れるということと、相手を認めるということと同じではありません。

「そう言っている」「そういう理由があった」ことをひとまず受け入れることができると自分の思考や発想に広がりが出てきます。批判し、否定すると殻に籠るのが人間の性です。とがめられることを喜ぶ人間はいません。とがめだてすると、自己弁護をしだすものです。事実を都合よく歪曲しかねません。それ以上語るのをやめるかもしれません。人の意見を受け止めることで、成長へのエネルギーに変えることができるのです。

【訴え・その8】「他者のタイムカードを平気で打刻する人がいる」

ケア担当職に求められている基本的なことがあります。嘘をつかないことと騙さないことです。ケアに嘘はない、ケアには騙しはないのです。ケア担当職としての誓いは、人間が人間に人間としてのケアを施すことに対する誓いです。

このケースでは、ほんの些細なことと思って同僚のタイムカードを打刻しているのでしょう。しかし、些細なことではありません。自分と同僚の2人が仲間に嘘をついていることになります。タイムカードは存在証明です。存在しない人物を存在することにする行為が他者のタイムカードを打刻する行為です。

他者のタイムカードを打刻する行為は罪です。打刻させる者は一層罪が重いのです。平気で嘘がまかりとおる組織はもはや組織ではありません。

コンプライアンス（遵法と道徳）は何も経営者やケア管理者だけが行なうものではありません。他者のタイムカードを平気で打刻する行為が、打刻を依頼した者をダメにして、引いては施設全体をダメにします。

【訴え・その9】「上司に告げ口をする同僚がいる」

コミュニケーションとはそもそもは1対1の伝達行為です。告げ口をした者と管理者の間にコミュニケーションが成り立ったとしても、告げ口をした人物とその告げ口が気になる人とのコミュニケーションはどうなるのか、ここにコミュニケーションの課題と本質があります。

コミュニケーションの悪さには2種類あります。コミュニケーションがあって悪いことと、コミュニケーションがなくて悪いことの2つです。

上司に告げ口した者がやっているのは、コミュニケーションがあって悪いことです。上司に告げ口した者に対しては、上司としては諭さなければなりません。その者は、上司によく思われたいためのコミュニケーションだったかも知れません。

気になる者がいることの不安、相手が気になりだして自分自身の居場所がよくつかめない不安、そうした不安の発露が上司によく思われたいためのコミュニケーションとなったのではないでしょうか。

ポイント

訴えをきちんと受けいれた上で、対処法を考える

9 残念な職場に蔓延する「困ったコミュニケーション」「困った人間関係」「困った習慣」が引き起こす困った事態とは……

（1）嫌いな利用者からの依頼は後回しにしてわざと順番を遅らせる

利用者の好き嫌いで優先度をつけるのは困りものです。

チームケアとは利用者に焦点を当てて、それぞれの専門職が役割を担ってケアをしています。相互に連携してチームケアに当たっているのですが、チームのメンバーに時機に応じた対応が求められます。好き嫌いを理由に順番を遅らせるなどということはあってはならないことです。

順番を変えた理由が、ケア部門の他のケア担当職からの依頼ということもありえますが、頭から怒鳴りこむものではありません。また、器具や装置の使用などから順番が遅れることもあります。

（2）管理者とコミュニケーションを取ろうとしないのは表現の仕方がわからないから?

チームケアとはフラットな組織で編成されています。チームのメンバーはどのような職種であろうとも仕事を実施する立場からすると互いに対等です。

管理者を経由しないと仕事が進まないというのではチームケアとは言えません。しかし、管理者とコミュニケーションを取ろうとしない理由は、必ずしも管理者が偉ぶっているからではないかも知れません。

管理者とコミュニケーションを取るのは、自分の要求や主張を管理者に受け入れてもらうだけではありません。

管理者とのコミュニケーションは、アサーティブな表現が求められます。アサーティブとは自己主張をすることではありません。

アサーティブには3つのポイントがあります。1つは、事実に基づいていることです。2つは、相手が受け入れやすいことです。3つは、相手がそれに応じてもよいと思うことです。

こうした視点に立ったアサーティブなメソッドの1つがDESC法です。

DESC法とはそれぞれ次のとおりです。
①D（Describe）は、自分の直面している状況や相手の行動について相手と共有できる客観的事実を描写することです。自分の気持ちや感情を交えずに表現することが肝心です。
②E（Express Explain）は、自分の直面している状況や相手の行動に対する自分の感情や気持ちを建設的に表現することを言います。
③S（Specify）は、相手に望む行動、提案、妥協案および解決策などを提案することです。
④C（Choose）は、肯定的か否定的か等、相手の出方を予想することです。相手がどう

行動するのかいくつかの選択肢を考えて提案します。

(3) ナース・コールは、先輩が対応するものと決めつけている

ナース・コールは利用者とケア担当職を結ぶいのちの絆です。ナース・コールはケア担当職にベッド・サイドに来てほしいという利用者の訴えであり、合図です。ナース・コールに遅れると重篤な状態に陥ることがあります。

利用者はどのような事態のときにナース・コールをするのかを把握することも必要です。引き継ぎの段階で、ナース・コールがあったこと、ナース・コールにどのように対応したかを申し送りしなければなりませんし、申し受けを受ける必要があります。

(4) 後片付けは人任せにする

配膳は自分、下膳をケア補助者にさせているケア担当者がいます。役割分担ができているようですが、食べ残しを片付けるのなんて、ケア補助者の仕事でしょう、という意識が担当職にあるとしたら問題です。

ケア補助者に権限を委譲することはできませんし、指示をしたままで結果を確認しないことは許されません。ケア担当職に下請けに出すという意識が問題です。ケア担当職とケア補助者は協同してケア業務に当たっていますが、ケア補助者の行なう仕事の監督責任、遂行責任そして結果責任はすべてケア担当職が負わなければならないのです。

さて、下膳です。

医師の処方にしたがい、管理栄養士が献立をつくり、料理専門員が食事を調理する。ここまでは役割分担です。問題は下膳です。戻り皿という視点がケア担当職に求められています。全部食べたのか、食べ残したものはないか、食事は薬の原型です。ケア担当職には戻り皿を確認する役目があるのです。

（5）化粧が濃すぎる、香料をつけている

職業を間違っているのではないでしょうか。ケア職は顔を化粧で塗りたくり、香水を振りかける職業ではありません。ケア職には容が求められています。容とは容貌や容姿です。こころが面や姿に表れたものが容です。形は形状であり、形成です。化粧や香水の類は形を成す小道具です。

化粧や香水を問題にする前に、アピアランス・コードを設定してください。アペアランス・コードとはドレスコードのことです。ケア職として髪型や爪の手入れなど全身を対象にした取り決めです。

（6）私用電話がかかってくる頻度が多い

私用電話には緊急な用事もあります。私用電話がかかってくる頻度が多いときには留意しなければならないことがあります。まずは、サラ金からの支払い督促です。ところ、とき、構わずにとりたてに来ますし、とりたての電話が入ります。電話口ではさも家族や婚約者の様相で、本人が出ると一変してがなり立てるというものです。

次に留意したいことは、再就職活動やヘッドハンティングです。ヘッドハンターは成功報酬で動いています。職員の頭数を整えることを第一に考えている施設もありますから、ヘッドハンターが付け込むすきが出てくるのです。居づらくして退職を決意させることも手法の1つです。電話の頻度を多くして転職させるという手なのです。

(7) 気分にムラがありすぎる

気分の振幅が大きくなるときもあります。泣きたいときは泣き、笑いたいときは笑えばいいのですが、そうはいかないのがケア職です。それゆえにストレスが溜まりますし、セルフコントロールがままならないこともあるものです。

気分にムラが出る原因は施設内だけではなく施設外にもあります。いずれにも共通することはこころに気がかりなことがあることです。気分のムラが人の好き嫌いに結びついていることもあります。本人の気分が良いときの状態と、気分が高揚して手に負いかねるときはどのような状態なのかを把握したいものです。

ポイント **残念な仕事の裏には必ずワケがある**

10 自分の教え方が悪いのか、スタッフには覚えたいという気持ちはあるのにうまくいかない

(1) 教えきれないと訴えてきた介護リーダーにどう対処するか

この訴えには、2つの理由が考えられます。

1つは、面倒くさいからです。

2つは、教えるだけのスキルがないからです。

面倒くさいと思っていたら教える仕事は務まりません。

伝えることは山ほどあります。山ほどあるから面倒くさいと思ってしまうのかも知れません。

そうならないためには、教える範囲や内容を少しずつ増やしていくという教え方もあります。

教える側のスキルが少ないとすると面倒になります。でも、方法はあるものです。教える者が教えるスキルが少ないとしたら、何もかも教示することはできませんから、教える内容に精通した先輩や同僚に支援を頼むにかぎります。

また、そうした事態を予想してバックアップ体制を構築しておくことも大事です。

（2）スタッフが反発するように目をそらす

この場合、管理者であるあなたは、スタッフが反発していると思いこんでいませんか。教え下手もいれば教わり下手もいます。こちらが反発する表情と思っていても、実は戸惑っていることもあります。

目をそらすのは、目を切ることになるから無礼と言えなくもないのですが、自信がないときも目をそらしがちです。もしかしたら、自分のあのときの表情や答え方もそうだったのではないか……、管理者には、かつての新人だった頃の自分の姿がダブっているのかもしれません。

（3）会合に参加しない

特定の者だけが発言する会合になっていませんか。

参加しない者に課題があるにしても、参加しにくい状態になっているということはないでしょうか。会の運営に偏りがあるとしたら、その偏りはあっていい偏りでしょうか。会に参加しないことを責めるのは解決策ではありません。会の運営を変えてみたらどうでしょうか。いっそ、会を解散するとか。休止することはできませんか。

会が特定の者だけの状況になっていたら、参加はしたくないと思う者が出てくるのも頷けます。どのような会でありたいか、参加しない人に聞いてみることです。

（4）覚えるペースが遅い

何を教えるにも人の2倍以上の時間がかかってしまう者もいますし、目から鼻に抜ける者もいます。目から鼻に抜ける者は、状況対応力があるにしても、その場かぎりの応答をしていることもあります。

一方、覚えるのに時間がかかる者は覚えてしまったら仕事ぶりは誠実であり、堅実です。覚える時間を問題にするのではなく、覚える過程に焦点を当ててください。

ケアには手抜きはできません。手抜きをする者の多くは自分流で半端な仕事をしています。そうした者は覚える段階で字面だけ、教えられた言葉だけ、通り一遍の覚え方をしているからです。

覚え方は人それぞれです。覚える時間を他者と比較することに意味はありません。覚える過程と覚えたあとのことに注力してください。1つのことを教えるためには3度は同じことをやってみせなければならないと覚悟してください。覚えたかどうかも3度させてみなければわからないものです。

（5）口答えばかりするスタッフがいる

口答えをするのは、往々にして相手に対して関わりを持っている証か、関わりたいという証です。

口答えを口応えと受け止めてください。答えはYESかNOを求めるものですが、応えは、応じ報いることであり、熱く応えることです。

口答えと感じたときは切り返しが必要です。たとえば、「あなただったらどうする」、「なるほど、そうね。その場合には、どういう見方が必要になると思う」などです。

ケア職は、ケアの現場に関わることが最も大事なことであり、実践なくしてケアなしです。ケアはどうあるべきか、利用者中心のケアとはどのような視点や行動が求められるのか、などケアそのものに対する口応えの発言を求めてください。

(6) 手技の覚えが悪い

手技とは手で冶工具を使用して処置をすることを言いますが、大切なことは手の元は腕であり、腕の大本はこころにあるという想いです。元熊本大学医学部教授小川道雄氏が実践してきた手技に対する真摯な想いがあります。「こころでメスを握れ」です。「無縫」を外科医の生涯の目標にしていました。人間を診ています。メスのあとが無い、メスで切っていないほどの手技です。

手技は利用者の日々の状態を観察するためにも必要です。利用者のバイタルを記録するときにも手技が必要です。基本中の基本は検温です。医師もケア職も免許を受けた日から手技を体得したことになっていますが、現実には段々、段々と覚えていくのです。

(7) 何気なく話した事で落ち込んでしまうのは困ったことではありません

些細なことに傷つくようではケアの仕事はできないと思いこみがありませんか。傷つくことは困ったことと思っていませんか。

人間は傷つきやすいのです。人間は強くはありません。傷つきやすく弱いと思っているからこそケア職になり得た人物かも知れません。ケア職になったからこそ傷つきやすく弱くなったのかも知れません。誰しもこころに傷を負っています。何気ない話でも傷ついてしまうことがあります。

(8) 自分の考えを言わないスタッフへの対処法

考えがあっても言わないのか、考えていないから言えないのか、そこを見極めることです。どのタイミングで意見を求めたのかを管理者として自問してください。そもそも意見を求める必要があったのでしょうか。意見を言い合えるのは、事実を認知できた者同士のコミュニケーションです。事実を見聞きしていない者に意見を求めても混乱するだけです。

その者が見て聞いて感じたことはその者にとっては事実です。意見を求める者が受け止めた事実と相手が受け止めた事実は必ずしも同じではありません。それは見方、聞き方、感じ方が違うからです。

意見を求める者が相手の意見とは違うこともあります。意見を求めるには求めるだけの環境を作り出すことも必要です。大切なことは意見を述べないからといって叱責してはならないということです。叱責をしたら2度と意見を言わないかも知れません。

ポイント **スタッフがどのような性格なのか、そこを見極めてコミュニケーションを取ろう**

11 「あり得ないこと」「思いもよらないこと」が起こる困った職場での身の処し方とは

(1) 資格試験に合格したら口を聞いてもらえない

「祝福できない、競争に負けた、私のほうが優秀なのに」、こうした思いにいたる者は偏狭な人です。資格が必要な仕事には資格が必要ですが、資格がないとしてもケアの仕事ができないというものではありません。

「今回はあなたが合格したけれど、次は私よ」、こうした言いぶりも下策ですが、口をきかないというのは下策の下です。そうした声かけは相手のこころに土足で入り込むことになります。

(2) 宗教入信を勧めてくる

人間には信仰の自由があります。どの信仰を得るかも自由です。信仰を持たないことの自由もあります。友人や知人を入信させることが実績となって宗教団体での地歩を固めることになることもあります。

信仰が無い人が誘われ、既に信仰を得ている人には誘いがかからないと思いがちですが、そうでもないこともあります。入信を誘うことは、その者にとっては正義であり信念と思い込んでいることもあります。

信仰を持たないことも人間に与えられた自由です。信仰を妨害し、信仰を否定することはできません。自分が信仰を持たないことを信念にすることも1つの対応策です。その場逃れのような、「いずれ、考えてみる、信仰の場を見てから決める」などというのは相手には通じません。

（3）ラウンドもそこそこに宿直室に籠る

何もしていない夜勤者なんて困りものですが、疲れて寝ているのかも知れません。仮眠時間が制度化されていなくても慣行で仮眠をとる職場もあります。

宿直室に籠る問題は、喫煙、異性、内職です。昼間は施設外のわずかな隙間で喫煙しているものが夜勤になると宿直室で喫煙しているというケースがあります。施設内の火事はボヤで済んでも許されないことです。内緒で吸うと後始末もいい加減になるものです。宿直室の喫煙は始末書を求めるほどのアクシデントです。

異性との時間を持つなどということは決してあってはならないことです。施設はホテルではありません。そうした事実があったら始末書ですむものではありません。内職もあってはならないことです。

(4) 利用者の家族に金品を要求する

便宜を図ったのだからお礼をしてもらって当然という職員がいるとしたら極めて恥ずかしい職場です。

お礼をしたいという利用者や家族はいますし、お礼の気持ちを金品にすることもあります。

しかし、職員から金品を求めることなどは、あってはならないことです。金品を条件にケアをするなどという行為はもはや犯罪です。地獄の沙汰も金次第などと嘯《うそぶ》いているとしたら職員としては見下げた人物になり下がっています。

事実が発覚したら懲戒に該当する事案です。

(5) 管理者と深い関係にあると噂話を流している人がいる

その人こそ、そうなのかも知れません。深い関係にあろうとも、それが健全な恋愛なら結構な話です。噂を流しているとなると健全な恋愛ではないということでしょう。男女の仲は遠くて近いし、近くて遠いものです。

噂を流している者が実は本人ということもあるものです。かつて管理者と付き合いがあり、今は別れた腹いせからあることないことを流しているということもあり得ます。この手の噂話は一時すると立ち切れになることも多いものです。静観を決め込んでいればよいでしょう。

（6）施設、同僚の陰口を利用者に話す

「聞くに堪えないから何とかしてください」

利用者からの訴えです。

利用者家族と必要以上に親密になりすぎてしまい、立場をわきまえずに言ってはいけないことを言ってしまうという構図です。

施設や同僚の陰口を聞きたがる利用者がいないわけではありません。だからと言って、利用者に乗せられてベラベラと話すのは困りものです。

ポイント　**残念な職場を作るも、最高の職場を作るもそこで働く人次第**

第2章

困った上司が
一瞬で変わる
コミュニケーションのコツ

1 「残念な上司こそ、自分を成長させてくれる」と発想を転換すると働きやすくなる!!

「管理者らしい仕事なんて何もしていないじゃない」
「何で、私が割りを食わなければならないのよ」
「高い給与をもらってるんだからちゃんと仕事してよ」

ひとくちに管理者といっても、そのタイプは一様ではないと認識することです。「いろんな人がいる」というふうに考えれば、目の前の困った管理者に対する許容度も広がるはずです。

さらに働きやすくする考え方のコツは、「この管理者の下では仕事が増えるばっかり……」という思いを払拭し、全く逆の、
「この管理者だからこそ、自分自身が成長することができるんだ」
というプラスの見方に発想を転換するといいでしょう。

部下が自分だけ仕事が増えたとか、管理者は何も仕事をしないで押し付けてくるなどという受け止め方をしていると管理者に反感を抱き、何かにつけ反発することになりがちです。

管理者は、自分の役割を明確化にして、部下の能力によって管理者の役割が異なることを学ぶことです。

管理者は自分に力があると思いがちです。ところが、部下は力がない管理者のもとでは自分がなんでもやらなくてはいけないと思うものです。

管理者には次のように3つのタイプがあります。

■管理者の3つのタイプ

◎タイプ① 力がある管理者

率先垂範タイプです。

このタイプは、部下に先立って模範を示すことができる管理者です。

◎タイプ② 人に先立って自ら行なう管理者

率先躬行タイプの管理者です。

◎タイプ③ 部下に委ねて任せる管理者

委任タイプの管理者です。

管理者のあるべき姿は一様ではありません。管理者は偉い人ではありませんし、誰もが力があるとは限りません。管理者は部下に担当させる仕事を定め、その仕事をしやすくする役割を担っています。

タイプ①の率先垂範する管理者は、**能力が不足している部下に相応しい**でしょう。率先垂範して部下に仕事を覚えさせます。

タイプ②の率先躬行する管理者は、**部下と同程度の能力を有する管理者**の仕事に対するスタイルです。

タイプ③の委任する管理者は、**能力のある部下に仕事を任せがち**です。

このタイプは、部下の立場からすると、管理者に力がないから部下が仕事をすることになると思います。管理者の立場からすると、部下に能力があるから更なる成長を期して仕事を任せていることになります。

●部下と管理者の役割分担、業務分担を明確にすると関係がうまくいく

部下が描く管理者のあるべき姿があり、そのあるべき姿と実際の管理者に乖離があると困ったことになります。

部下が管理者を小ばかにしていると無能管理者という烙印を押してしまい、ますます管理者に対する不満が募ります。

そうした誤解を生まないためには、面談を実施して、部下が何でもかんでもやることになっている仕事の現実についての話をします。

そのうえで、管理者と部下2人して仕事の整理を行ない、担当する業務を明確にすることです。

管理者と部下の行なう業務を整理して、管理者の役割を具体化します。

管理者とは**部下を通じて目標を達成することができる人物**です。その意味からすると部下に仕事をさせることが管理者の役割ですが、部下が管理者の仕事のさせ方に不満を持っていると目標を達成するどころではなくなります。そして、業務の納期や業務の質に悪い影響が出やすいものです。

管理者として、動機づけと激励の使い分けを学ぶ必要があります。動機づけ(motivation)は、意図的に刺激を与えることです。激励(encouragement)は、励みになるように元気づけることです。

ポイント

部下を通じて目標を達成するためには、動機づけと激励が必須

② 「役割を心得違いしている」管理者にどう対応するか
怒鳴りつける、意見を頭から否定する、

「『それじゃ駄目よ！』って、あの言い方はないわよね。途中で人の話を遮るなって、ちゃんと最後まで聞いてよ！　まるで部下は意見を言ってはいけないみたいじゃないの！」

管理者が部下を否定するには否定するなりの理由があります。

意見には大きく分けて、正論、異論、暴論があります。正論は、道理にかなった議論や意見のことを言い、異論は他とは違う議論や意見です。暴論は道理を無視した議論や意見です。

管理者の多くは暴論を即座に否定するものです。それでは、管理者は正論を聴く耳を持っているかというと、これが面倒です。管理者の中には、正論を言われると職場の仕事に対する改善提言であっても、正論ゆえに自分の人格が否定されたと思う人物がいるものです。異論についてはどうでしょうか。管理者の受け止め方には否定派と肯定派に大別できます。

管理者は部下の意見を取り入れて業務を改善する姿勢が求められます。こうした姿勢がない管理者は心得違いをしている管理者です。部下を人間としてではなく、道具と考えている管理者は部下の意見を聞かないものです。

そんな管理者に対しての部下の評価は下がる一方で、こころの中では、

「ヒステリーじゃないの、ばかみたい！」
「自信がないからかもね」
「怒鳴ればいいってわけじゃないでしょ！」
と思われているかもしれません。

●管理者はなぜ叱るのか

声高く叱る管理者がいます。叱ることが仕事と思っている管理者もいます。管理者はなぜ叱るのでしょうか。叱るとは、声を荒立てて欠点をとがめることです。人間には時にとがめ戒める場面が必要ですが、いつも叱られていたのでは、部下は腹立たしい気持ちになるものです。

叱られて育つ人もいますが大概の人は褒められて育つものです。怒りが怒りを呼び、怒っているうちにさらに情が激してきて、さらに叱ることになりがちです。

怒鳴ると叱るは異なります。怒鳴るは感情の高揚のままに気持ちをぶつけることです。高揚とは気分や精神などが高まることを言います。叱るときには感情だけではなく理性が必要です。理性とは真偽、善悪を識別する能力です。管理者には真偽、善悪を識別する能力を高めるために啓発が必要です。怒鳴るだけの管理者は管理者としては不適です。人を意のままに動かすことはできません。

ポイント　人を思いのままに動かすには、感情とともに「理性」が必要

3 スタッフを物としか思っていないことに気がつかない管理者がアブナイ!!

「そうか私って物だったのか、ひどい！」
「私を物として扱わないでください！」

部下を物と思っている管理者はほとんどいないでしょうが、部下から自分を物として扱っていると思われるのは、部下の人格や人間性を否定する管理者の言動があるからです。管理者が部下の人間性を損なう言動をするとしたら、部下も「自分を利用する者」を人間として扱わなくなるかも知れません。

利用者の人間性や自尊心を、決して傷つけてはならないのはケア担当者としては当然です。それゆえに、管理者は部下を物として扱ってはならないのです。部下に暴力を使うことは許されません。部下に対する暴言もあってはならないことです。

管理者が部下を人間として扱えば、部下もまた管理者を人間として扱ってくれます。人間は強い反面、弱く脆いものです。部下ともなると管理者から指示命令される状況にあるため、なおさら弱く脆いものです。

たとえ管理者が部下を物として扱っていないと思っていても、部下が物と扱われていると思っているとしたら、管理者は言動を変えるしかありません。

些細なことから物として扱われていると思われてしまうことがあります。人間は物ではないのですが、自尊心が傷ついているとき、あるいは人間として扱われていないと思っているときなど、疎外感を抱いているときはとかく物として扱われていると感じるものです。たとえば、カンファレンスで上司から、「あなたは（出席しなくて）いいわよ」と言われたとき。この言い方にも部下は、疎外感を持つものですが、「あなたがいると邪魔なのよ」、という明からさまな言い方になると最悪です。

人間性尊重は、真理であるからこそ難しいものです。相手が不快に思うかどうか、相手のこころが傷ついたかどうかは相手にしかわからないからです。

職場の人間関係は職場の内部だけの関係にとどまりません。利用者そして家族をも巻き込むことになります。

ポイント

相手が不快に思うかどうか、管理者はちょっとした言動に注意が必要

4

あいまいな言葉を使う管理者に確認を取って「すべきことを明確にする」のは部下の役割

「昨日と今日で言うことが違うし、何をすればいいかわからないわ！」

「あれとか、これとか、何が言いたいのか、ぜんぜんわからない！」

「ちゃんと指示をしないで、後から、そんなこと言ってないなんて、それはないでしょ！」


すべての仕事は上司の指示を受けて行ないます。仕事の指示は絶対の条件です。介護現場における、指示の典型は介護支援専門員（ケアマネジャー）の作成するケアプランです。また、医療行為は医師の指示（指示箋）なくして処置することはできません。

●部下をストレスにさらさないための指示の出し方とは

上司の指示が曖昧な場合、部下はストレス状態に陥りがちです。ストレスが元で身体や行動に影響が出ることもあります。ストレスの原因を「ストレッサー」と言います。指示の曖昧さがストレッサーになっているかも知れません。

①指示と受命

「指示」は上司が出し、「指示受け（受命）」は部下の役割となります。相互に意思を通じ合う行為が「指示」と「受命」です。指示を受けることを受命と言います。

何を、何時、誰に、誰が、どのように行なうのかを明確にすることが指示です。指示を受けた意思表示が受命です。役割を認知し、指示どおりに業務を行ない、指示どおりに遂行するためには受命が欠かせません。

指示を出す管理者が仕事に精通していないと、曖昧な指示になるものです。また、指示する業務の前と後、前工程や後工程のことを知らない場合にも、ちぐはぐな指示になりがちです。

上司の指示が曖昧な場合には部下は適切な業務ができませんし、やり方に不安などが生じて、その結果、ストレスが溜まり仕事が上手くいかないことになります。

指示の内容は5W3Hです。いつ、どこで、だれが、何を、なぜ（なんのために）、どのようにするのか、をはっきりさせます。その際より具体的にするために、いくら（費用）といくつ（数量）も明確にします。

②指示受けと連絡

仕事には「ほうれんそう」が必要です。報告、連絡、相談のことです。このうち、指示受けに直接的に関係することは、連絡です。**相互に意思を通じ合うことを連絡と言います。**指示を明確にするのは管理者ですが、曖昧な指示だとしたら受命も曖昧になります。

曖昧な指示をそのままにしないことです。曖昧な個所を確認して、何をなすべきかを明らかにするのは管理者の役割ではないでしょうか。連絡を密にするのは担当者の義務です。

③チームワークと指示

チームで仕事をすることをチームワークと言います。チームワークにおける指示は、業務の配分の仕方、あるいは日常の運営の仕方に密接に関わる事柄です。

チームで業務を担当する場合、各担当者が分担する範囲は、それぞれの業務の境界線をはっきりと線引きするのではなく、互いに関連のある担当者交互間の〝リーチングアウト〟によって、担当者が互いに課題を共有化し、共通の関心を抱く範囲を拡大していくことも必要になります。リーチングアウトとは手を伸ばし合い支え合うことを言います。

専門職で構成されているチームの指示と連絡にはわかりづらいこともあります。たとえば、「言わなくてもわかるわよね」の類です。このことを包括的指示さらには阿吽の呼吸といいます。包括的指示とは概括的に言うことですが、何をするのか互いが承知し合っている場合に、「後は頼むわね」などというものです。**この場合、もし指示を受けた側が「何をするのかわからない」としたら、指示を確認するしかありません。**

厄介なのは、阿吽の呼吸です。阿吽の呼吸とは、相互の微妙な調子や気持ちが一致することを言います。共に一つの仕事をするときなどの相互の微妙な調子や気持ちのことです。目と目で合図するアイコンタクトも阿吽の呼吸の範疇です。阿吽の呼吸といかない場合には、指示を確認させて、必要な連絡を怠らせないことです。

ポイント　**「知ってるつもり」「伝わったつもり」が一番アブナイ!!**

5 頭デッカチで理想ばかりの上司から学ぶものとは

「理論、理論って、うるさいったらないわ！」
「実際に、自分で介護現場をラウンドしてほしいわ！」
「ご立派です、現場を知らないくせに！」

個々の事実や認識を統一的に説明できる普遍性を持つ体系的知識を理論と言います。現場を管理するためには理論が必要ですが、実践あっての理論です。現場を無視した、高尚な知識をひけらかされるとうんざりするというのももっともなことです。

●理論重視の上司にも学ぶことがある

理想を追求してやまない上司は、何かというと理想や理論が先行してしまいがちです。介護系大学の教員ではないのですから、理論と実践を行ったり来たりできる上司であって欲しいというのが部下の気持ちです。

介護には理論的根拠が求められますし、実践には理論の裏づけが必要です。ケアには理論に裏打されたケアが問われています。

理論は、以下の５つのことが必要となります。

①起こっている現象に対して科学的な見方ができる
②専門職としての自律性が高まる
③専門職の哲学、態度の基盤になる
④普遍的知識体系を構築することができる
⑤実践の効果を高めることができる

●ケアはＫＫＤだけでは上手くいかないので「科学の目」が必要

ＫＫＤとは、経験、勘、度胸のローマ字表記の頭文字です。実践には経験知が必要ですが、勘に頼るだけでは困りものです。

勘が鋭いといっても、経験と勘で決断することはリスクが付きまといます。理論的な根拠がない実践はＫＫＤなどと揶揄されがちです。

その一方、理論が先行しすぎると、現場を無視した理想家あるいは理論家になってしまいます。そこで、科学の目が必要となります。

①科学と理論を加える

科学の目で観察して、科学する心を持って実践してはいかがでしょうか。

今や、ＫＫＤ＋ＳＴが求められています。経験と勘は現場で培われるものですが、経験と勘だけでは実践は危ういのです。今後ますます求められる視点はSCIENCE（科学）のSとTHEORY（理論、学説）のTです。

介護には、利用者個々がケアをコントロールする権利があることを認識することが重要です。利用者に焦点を当てたケアでなければならないのは当然です。利用者のニードをどのように充足するかを決めるためには、利用者に主導権があるという認識が前提になっていなければならないのです。

②上司の理論を現場実践に活かすための働きかけが必要

理論家の上司を現場志向にすることは容易なことでありません。現場実践に活用できる理論であるために、介護研究場面を通じて理論的背景をコメントしてもらうなど、現場で働くケア担当者として〝理論家上司〟との融合や一体感を作り上げていく努力が必要です。

理論は実践の父ではありますが、実践は知識の母であることを忘れてはなりません。体系的であって、実証可能な理論は実践に欠かせません。

ポイント

理論を活かす工夫によってケア実践の質を高めることもできる

6 優柔不断な上司のせいでいちばん困るのは利用者

「ぐずぐずしすぎ、なんとかしてよ！」
「優柔不断を絵に描いたような上司、煮え切らないんだから！」

現場では、ハキハキしない上司は嫌われがちです。介護の現場では決断力が乏しい上司は毛嫌いされるものです。

●「優柔」も「不断」もケアに欠かせないが

優柔とはやさしいもの、やわらかなことを言います。不断は決断の鈍いことや煮え切らないことです。しかし、ケアには優柔が欠かせません。専門職である前に1人の人間でなければならないからです。

ケアの関わりには優柔のレベルがあります。

レベル① 支える段階

ケアのプロセスに沿って生活を支えます。

レベル② 整えて支える段階

生活や環境を整えます。

夢や希望の実現を支えることが必要です。

レベル③ 共に生きて支える段階

ベッドサイドで利用者の語りを聴きます。

困難性を持って生きることを支えます。ケアの関わりとは、家族を含めて安心できる関係と共に歩む関係の構築です。

関係は、出会い、発展そして別れへと展開します。

不断は決断の鈍いことや煮え切らないことだけの意味ではありません。日常で着る衣服を不断着と言い、**不断の心掛けなど平常のことも言います。**

不断医者という言い方がありました。かかりつけの医者のことです。世間胸算用（1692年元禄5年、井原西鶴作の浮世草紙）に「不断医者は次の間に鍋を仕かけ、早め薬の用意」とあります。

優柔も不断もケアには欠かせませんが、優柔不断と四文字熟語になると困りものです。ああでもない、こうでもないという上司の態度では、担当者は困りますが、その結果、最も困るのは利用者です。上司には、上司としてよりも、利用者の立場に立って思考し、決断する能力が求められています。

上司の優柔不断に付き合っていてはケアの実践は埒があかなくなります。生命は待ったなし、ケアは待ったなしです。思い巡らすことは大切ですが、ケアには待ったなしの場面があります。

決断と判断は異なります。決断はきっぱりと決めることです。善悪、正邪の裁決をすることが決断です。

判断は真偽、善悪、美醜などを考え定めることです。

ケア実践には判定基準が必要です。判断は、概念、推理とともに思考の形式です。「SはPである」か「SはPでない」という形式です。通常は、2つ以上の判断によって結論を導き出します。

決断するためには判断が前提になります。管理者には、物事を判断し、決断をしなければならない役割があります。判断力とは物事を認識、評価、決断する精神的能力です。

ポイント　管理者には物事を判断し、決断する役割がある

7 言うべきことを言わない上司を変えるにはどうする

「なぜ、あの介護福祉士に注意しないのよ！」
「やって欲しいなら、はっきり言ってよ！」

はっきり言ってしまうと、部下からの反発があるかも知れないと思って言わない上司もいます。しかし、上司がはっきり言わないために、困るのは上司本人と部下です。

●気が弱いから言えない上司

ついつい、言いたいことを飲み込んでしまう上司もいます。そういう上司はストレス耐性が弱いのです。嫌われるぐらいがちょうどいいという管理者もいますが、部下とは波風を立てたくないという管理者もいます。

管理者はストレスを受けやすい役目かも知れません。ストレスを受けやすい人とはどういうタイプの人なのでしょうか、代表的な4つの類型を見ていきましょう。

タイプ①　生真面目型

完全主義者が多く、妥協することができません。ストレスに陥りやすい類型です。

任せきれないからはっきり言いません。

指示したいことを言葉にすることができないのではないでしょうか。「それでいい」、「してはいけない」などYESかNOの意思表示をするだけでも職場は変わるものです。

タイプ② 不安先行型

心が安まっている暇がないほど不安な状態に陥っています。不安はストレス状態を引き起こす原因です。

上司がはっきりと言えない理由は、心の不安定であるのかも知れません。「こころがここにあらず」の状態に陥っているようでしたら、上司の上司に状態を伝えることです。後は、専門医の領域です。

タイプ③ 一徹型

威圧的な態度の人物は、ストレスを溜めやすいものです。

誰かが失敗をするとすぐに頭に血が上ってしまいます。威圧的な態度ゆえに、ミスを犯した部下のことを根に持っていて、無視しているということもあります。

タイプ④ 引っこみ思案型

内面的でおとなしい人物です。意見を否定されると、反論することができないままに悩みます。自分の意見を否定されたときのことを考えてしまいます。

部下としては、自分の考えを述べて、肯定か否定かを判断してもらうとよいでしょう。

●上司の考え方・態度を変えれば部下の反発も恐くなくなる!?

①部下の反発があって当たり前だと思う

部下の反発を恐れているのかも知れません。そこで、部下の反発があって当たり前と思うことです。反発があった時に、どうしてそう思うのかを問いかけ、部下の考えを言いただけ言わせることです。

②「はっきり言ってもらいたい」と部下が上司に伝える

部下からはっきり言ってもらいたいと申し出ることです。はっきり言ってもらわないとなぜ困るのかを伝えることです。人には言っていいことと、言ってはいけないことがありますが、ケア実践に関する指示は言わなければならないことです。

ポイント　**上司がはっきり言わないと介護現場が停滞してしまう**

8 口が軽い上司につけるクスリ

「なんでもしゃべってしまって、いいの！」

「口が軽い人ね！」


軽口立て（かるくちだて）とは得意になって軽口を言うことです。

口が軽く、なんでもしゃべってしまうことを軽口（かるくち）と言います。

軽口には、軽い語調の滑稽めいて面白い話、軽妙な話という意味もあります。時には軽妙な話も必要ですが、口が軽いとなると困りものです。

●【軽口上司の注意点】軽口防止の基本的な心得

相手から聞いたことを相手の承諾なしに第三者に話してしまうことは許されません。

相手の話が個人に帰属する情報の場合は、個人情報保護法に抵触します。なんでもかんでも、べらべらしゃべられたのでは話した当事者としてはたまったものではありません。

尾ひれがついた作り話がまことしやかに、またたく間に伝わるようでは、信頼関係とは程遠い職場ということです。

機密は守らなければなりませんし、見聞きしたこともやたらに風評してはなりません。

風評とは噂です。

軽口立てを防止するために、「何をなすべきか」についての、次のような職場の基本的心得（ルール）が必要です。

①約束した内容どおりに行なう
②事実を記録し、根拠を明示する
③人格、人権、自尊心を傷つけない
④利用者&家族の視点で問題意識を持つ

●【軽口の注意点】信用をなくさないための施設管理4つのルール

軽口は「LOSE」を発生させます。LOSEとは必要なものをなくすことですが、必要なものとは信用や信頼です。

信用や信頼がなくなると施設を維持することができなくなります。

LOSEを発生させないためには、次の4つの視点で施設管理をすることです。

①逸脱&脱法を許さない
②組織的に対応する
③科学的に実践する
④論より証拠

●【軽口の注意点】軽妙な話と情報保護

軽口はすべてが悪いわけではありません。

軽妙な話の意味合いの軽口は、職場の人間関係をなめらかにする潤滑油になるものです。機密や秘密の範囲を明確化し、その範囲を厳守する管理が求められています。

もっとも大切なことは個人情報の保護です。

「個人情報は、個人の同意を得ずに第三者に情報を提供してはならない」――個人情報の保護は、１９６０年のWilliam L. Prosserの論文「Privacy」で定義され、個人情報保護法の規定に結びついた重要な４つの視点があります。

①intrusion：私生活への侵入

②public disclosure of private facts：私的事実の公開

③false light in the public eye：他人が誤認を生む表現

④appropriation：氏名や肖像の営業的利用

個人情報は、特定の個人を識別することができるものを言います。たとえば、氏名、生年月日は個人情報です。

ポイント

軽口で戒めなければならないのは、個人情報保護の視点

9 気分にむらがあり、すぐ逆上する上司

「昨日はやさしく、今日は鬼のよう！」
「同じことをしても、今度はどうして怒り狂うのかな？」

人間は、気分がすぐれないこともありますし、気分が盛り上がることもあるものです。爽快と憂鬱は誰でも持ち合わせていますが、度が過ぎると逆上ということになりかねません。

●事を明らかにする

事を分けて明らかにする道筋が必要です。物事の理由や根拠を持って業務を行なうことです。

事を明らかにするためには、3つの道筋があります。

①ルールを明確化する

業務を正常に遂行するためにはルールが必要です。
ルールとは規則や通則であり、約束事です。

ルールは現場で活用できなければならないものですし、事が起こった段階で使用できるものでなければならないのです。

②ルールを守る

ルールは全員が守るためにあります。守られないルールはないに等しいのです。

ルールが全員に守られるためには、全員がルールを知らなければならないということです。

守られる規則とはどのようなものでしょうか。単純、明解、実情に適合している、理論的根拠があるルールです。

③ルールを検証する

行動しなければならないことを具体的に表現しているかを検証します。

ルールは、具体的に「誰が、いつ、誰に、何を、どうする」という表現に徹することです。

●ルールを修正する

規定を修正するための要点があります。AでもBでも、いずれかに決定して統一しないと行動が曖昧になります。修正する主たる対象は、事故やその他の経験から体得した事項をルール化した経験法則的なものです。

ムリ、ムラ、ムダは業務にとって不要な事柄です。ムリやムダなことは何かを見定めて、ムリやムダにならないルールを作ることです。また、ムラは困りものです。ケアのムラは利用者の不快感や不具合になりかねません。ムラ（斑）は排除する必要があります。斑とは、そもそも本来は、色の濃淡や物の厚薄などがあって不揃いなことを言いますが、物事が揃わないことや一様でないことを言います。

加えて、「施設の常識は地域社会の非常識」という点に着目した修正も必要です。

①「たいしたことはない」⇒「えらいことになる」
②「なんとかなる」⇒「なんともならない」
③「よくある」⇒「あってはならない」
④「施設の視点」⇒「社会の視点」

●ルールの検証

ルールは適切な業務をするために必要です。適切とは、利用者にとって的を射ているということです。

ルールの検証には３つの視点が必要です。

①利用者中心の判断軸を組み込んで検証する
②双方向コミュニケーションの視点から検証する
③価値あるケアを提供ができているかを検証する

ポイント

ルールを修正するには「施設の常識」を問い直す視点が必要

10 説明の仕方がぶっきらぼうな上司のもとでは どんな部下ができあがるのか？

「あの上司の説明を聞いてもわからない、説明の仕方が悪い！」
「要点だけ言っているつもりでしょうけど、わかりません！」

説明の仕方がぶっきらぼうな上司のもとでは、当事者意識の弱い傍観者的態度の部下ができがちです。

傍観者的態度をとる人がよく使う言葉には、

「私にはわかりません」
「私は当事者ではありません」
「私の担当外のことです」

などという当事者意識に欠けた気の抜けた返事になります。

時には、

「だから何ですか」
「知らないこともありますよ」

などという居直り、逆ギレ気味の言葉で応じることもあります。

●ストレスがたまるとぶっきらぼうな口調になる？

ストレスは、自律神経の変調をきたし、説明の仕方がぶっきらぼうで、口調がきつい上司になりえます。ストレスの原因をストレッサー（刺激）と定義したのは生理学・病理学者ハンス・セリエ（カナダ人）です。ストレッサーは次の6つに分類することができます。

参考

①物理的
温熱、寒冷、高圧、低圧などが要因です。

②環境的
騒音、照明、空気汚染、振動などです。

③社会的
仕事、時間外・休日労働、深夜労働、重責、借金などがあります。

④肉体的
病気、怪我、不規則な生活、睡眠不足などがあります。

⑤精神的
家族や知人の病気や死、失恋、倒産、解雇、挫折などがあります。

⑥人間関係的
職場のトラブル、親戚・知人などのトラブルがあります。

●ぶっきらぼうな口調をどう直したらいいか

周りからは身勝手な説明に見えても、上司が、これが自分のスタイルと思い込んでいて、さらに説明の仕方に、自信を持っているとなると始末が悪いものです。思い込みが強いと、そう簡単には直りません。自分の説明が他の人に較べてわかりにくい、という違いを認識したとしても、改善に結びつけない上司もいます。

説明の仕方がぶっきらぼうで、口調がきつい上司はチームづくりには不向きです。本人が自覚し、改善しようとしないとすると、管理者としての適合性がないということになります。

まず容易にできる改善策は言葉の語尾の工夫です。体言止めにしないで、です・ます調にするというものです。

ポイント **まずは丁寧な言葉づかいを工夫して、聞いてもらえるようにする**

11 自分の意見だけを正当化して、部下の反対意見を聞く姿勢がまったくない上司

「自分だけが正しいなんて何様のつもり。自分のことを神様だと思い違いをしてるんじゃない⁉」

「自分以外の意見はすべて間違ってるなんて、なんて傲慢なの‼」

ここまで部下を怒らせる上司には、部下の反対意見を否定するときの態度に問題があるのが透けて見えてきます。

正しく道理に適っていることを正当と言います。しかし、自分の意見が正当であるということと、自分の意見を正当化することとは明らかに違います。この違いを上司は知っておく必要があります。

部下よりも経験があるから上司なのでしょうが、自分の長年の経験だけを頼りにして、環境の変化を取り入れない考え方はやがて陳腐化します。誰が見ても正しいと思えるような、正当に業務を行なうためには、上司は部下に対して正しい根拠を示す責務があります。

また、部下も上司に対して反対の意見を主張する場合には、ただ反対するだけでなく、反対意見としたその根拠を挙げることが必要です。なぜなら、感情的に反対と言うだけでは上司を説得することは難しいでしょうが、そこに反対意見を補足する、客観的なデータ

なり、根拠があれば、部下の意見をまったく無視することはできないはずです。

そこで、たとえば、「判断事例集」を作成するというのはどうでしょうか。判断事例集は過去に起こったことをファイル化したものです。

これを活用すれば、ある問題に対して判断が必要となったときに、

「どのような指示をしたか」

あるいは、

「部下からの疑問があったときに、どのように対処したか」

などといった具体的なケースに対する事例として記述しておくことによって、場当たりではない判断基準として活用できます。

自分の意見を正当化し、部下からの反対意見を聞く姿勢がない上司では困りものです。正しいか正しくないかの議論を上司と部下の間で行なうとなると、大概は上司の考えが正しいということになるものです。こうした問題の決着の付け方は、上司と部下の力関係だけで決まったもので、決して客観的な根拠があるものではありませんから、部下は納得できません。よって、決定した決めごとも「私は納得していないから、やらない」などといった具合に、守られなくなる恐れが生じます。そうならないためにも、誰もが納得できる判断を下すためにも、上司は根拠を提示すること、それも自分だけに通じる根拠ではなく、科学的な視点に立った根拠が必要なのです。

ポイント

上司は自分の意見に対して、誰もが納得できる根拠を示す責任がある

12 言うことがころころと変わる上司

「相手によって言うことが違うのって、信じられない！」
「上に言うことと下に言うことが違う！」

上司の言うことがころころと違っていては、部下が混乱するばかりです。その場限りの体面を保つための保身であるとか、自分の考えがないとか、あるいは相手を慮ったためとか、ころころ変わる理由があるのかも知れません。

●ころころ変わりすぎるのは上司が「学習していない」から!?

経験することによって言動が変わることがあり、学習の成果と言います。

管理者には、相手によって良い振りする、態度を変えるなどということはありがちですし、上司に言う内容と部下に言う内容が異なることも時にはありえますが、要は程度と中身の問題です。

管理者には、経験などから築き上げた管理観が少なからずあるものです。ころころ変わりすぎるのは管理観がないか、あるいは学習していないからです。

●学び続ける組織＝ラーニング・オーガニゼーションを作ろう

専門職は学び続けなければならないという宿命があります。

専門職によって構成されている組織は、さらなる高みをめざして学び続けなければならないのです。

学び続ける組織のことをラーニング・オーガニゼーションと言います。「学び続ける組織」を作るためには5つのプロセスがあります。

①パーソナルマスタリー

パーソナルマスタリーとは、自己研鑽を図ろうとする、個人の向上心とプロセスのことです。

②共有ビジョンの構築

共有ビジョンの構築とは、組織内のあらゆる人間が共有する事業・組織の将来像などですが、上司やリーダーが部下やメンバーと継続的に対話を重ねて共有していきます。

③チーム学習

チーム学習とは、目標や目的を達成していくために、意見交換とディスカッションを重ねながら一致協力してチームの能力を向上させていくプロセスです。

④メンタルモデルの克服

メンタルモデルの克服とは、組織のメンバー間で共有している固定的、硬直的なものの見方を是正していくことです。

⑤システム思考

システム思考とは、様々な問題が、時間、空間を隔てながら相互に関連し合って、密接に結びついているという前提に立った思考プロセスです。

上司が相手の立場やそのときの状況に応じた対応をしなければならない、という認識が強すぎると厄介です。

部下として時には意見具申も必要ですが、部下からはそうそう意見はしにくいものです。そこで、部下に意見を具申させるようにきっかけづくりをすることも必要です。そのひとつが職場ぐるみの学習です。上司の考えがころころと変わったときがそのチャンスです。

ポイント

部下からの意見を出すいい機会が「職場ぐるみの学習」

13 自分を「守る」意識が強すぎるのか、やたらと攻撃的に物事を言う上司

「あれじゃあ、攻撃というより抗撃よ！
気分の身勝手サイクルよ！」

抗撃は、抵抗して攻め立てることを言い、自己防衛のなせる業です。気分のむら、機嫌の悪さ、こうした現象はストレスがコントロールされていないからではないでしょうか。

●上司のストレスは職場の管理にも影響を与える

「こころの付着物を除去する」ことは容易なことではありません。それが除去できない状態、つまりストレス状態が長く続いている上司がいた場合、職場の管理にも影響を及ぼします。

上司のイライラが職場に伝染し、職場全体としてミスが増え、仕事の正確さを保つことができなくなります。介護現場で、利用者に迷惑をかけてしまったりすることも起こり得ます。

こころの付着物によって、適応能力の限界を超えるストレスが続くと、身体は適応能力を失い、自律神経がバランスを崩し、体調の変化となって現れます。言動にも大きなブレ

が生じるようになります。

●ストレスの度合を自己診断してみる

ストレス状態はある程度は自己診断できます。ストレスが溜まる初期に現れます。目が疲れる、肩が凝る、背中や腰が痛い、こうした症状はストレスが溜まる初期に現れます。些細なことで腹が立ち、イライラする、仕事をする気が起こらない、そうなったら、やや慢性期に入った証です。

たとえば上司が、ストレスが慢性期に入ったら、管理の質はほとんど期待できない状態になります。

管理には沈着さが必要です。沈着とは落ち着いていることであり、物事に動じないことです。また、管理には判断が必要になりますが、沈着な判断なくして適切な対応はできません。

●気分にむらがある上司への対応法とは

上司のこころの底に溜まった付着物に気づかせる役目を担うのは、部下がいいのではないでしょうか。気分にむらがあり、機嫌が悪い時はやたらと攻撃的な物言いをする上司に対抗するためには、2つの対応策があります。

ひとつは、上司に逆らわないでやり過ごすことです。

もうひとつは、上司の勢いや激しさをさらに一層強くすることです。そして、激していく過程で我に返ることを期待するものです。

よく攻撃される部下、まったく攻撃されない部下のいずれも解決のための支援者です。なぜ、攻撃されるのか、なぜ、攻撃されないのか、部下同士話し合いをさせて、部下として望ましい上司像を描き、上司に申し入れをするということも必要です。

●自己認知する

上司の精神が安定していないと職場全体から醸し出される雰囲気が悪くなります。精神の安定を取り戻すためには、上司自身が自分にはこころの底に溜まった付着物があるということを、「認知する」ことが手始めです。付着物が対人関係などである場合は、コーチング技法などによって不具合を洗い出します。たとえば、「このやり方でいいのだろうか」「不具合が生じている気がするのだけれど、どうかな」といった具合です。

気分がむらになるには、なるなりの要因があるものですし、機嫌が悪くなる要因もあるものです。上司の気分がむらになり、機嫌が悪くなる職場環境を除去するために、職場ぐるみのカンファレンスを持つことも対策の1つです。たとえば、「このところ、忙しさにかまけてこころここにあらずという状況なんだ。これではみんなに迷惑をかけるから何が困っているのかなどの洗い出しをしてみたいのだけど……カンファレンスをしましょう」といった具合です。

ポイント **職場全体でのストレスチェックなどで職場改善施策も検討!!**

14 上司の横柄な態度がやる気をなくす職場

「尊大なのよ！」

「私たちの不平不満がわからないのよね！」


尊大とはたかぶって偉そうにすることを言います。

傲慢に構える上司のもとでは質の高いケアは望めません。

部下にとって上司は偉い人です。しかし、部下と上司とでは、「偉い」の受け止めかたに相違があるものです。上司の考える「偉い」とは、地位や身分が高い人です。

部下の考える「偉い」は、優れていて、人に尊敬されるべき立場になる人です。

優れていて、人から尊敬されている人は尊大ではないし傲慢でもありません。部下に尊大あるいは傲慢な態度をとるのは、「偉い」を取り違えている管理者です。

上司に求められる役割には前提があります。管理者である前に1人の人間として優れていることです。人は出世すると尊大になりがちですし、傲慢な態度を取りがちです。

人間として優れているか優れていないかの判定は容易なことではありませんが、人を見下す人物では優れているとは言えません。部下の人格を否定し、自尊心を傷つける人物では優れているとは言えません。

上司には気品が必要です。気品とはどことなく感じられる上品さです。全人格的に優れていることが上司の条件です。どんなに理論が勝っていても、いかほどの経験があろうとも、全人格的に見て欠落している人物は優れた上司ではありません。

●全人的な管理者が求められる

全人とは知、情、意が調和した円満な人格者のことです。管理者のみならずケア職全員に全人教育は不可欠です。知識や技術に偏することなく、人間性を全面的かつ調和的に発達させることを目的とした教育を全人教育と言います

しかし、上司本人に横柄という認識がないとしたらことは厄介です。この場合、2つのことが考えられます。

1つは、自然体が横柄という人物です。「氏より育ち」という譬えがあります。子どもから大人になる間の環境や教育が人柄に影響します。

2つは、一見、横柄ですが、実はそうではない人物です。目つきや言葉ぶりなど、横柄に見えなくもない管理者もいますが、実のところウォーム・ハートな人物ということがあります。

ケアには全人的根拠が必要です。人間性や自尊心を傷つけない対応のことです。管理者に全人に対する研鑽が求められる所以です。

ポイント　人格を否定し、自尊心を傷つける上司では優れているとは言えない

第3章

あなたがはじめる！介護現場の「もんだいかいけつ」の基礎知識

問題解決脳の鍛え方

1 介護現場は問題だらけだけど、では「問題」っていったい何？

一つの問題の背景には、いくつもの原因が複雑に絡み合って問題の解決を困難なものにしているのが職場、介護の職場はなおさらです。

「あなたの施設、あるいは職場の問題は何ですか」の問いかけに対して、多くは次のような答になるものです。

「人手不足で上手くいかない」
「ケア実践が思うようにいかない」
「3S（整理・整頓・清掃）が徹底しない」
「職場のコミュニケーションが悪い」

など、悩み、不平不満を含めて様々の回答があるものです。

成功と失敗の分かれ道とはなんでしょうか。問題解決の手順、思考力、実行力に差があったからではないでしょうか。

問題とは、「解決すべき事柄」と「回答を要する」事柄を意味しています。

問題の定義は、『あるべき姿と現実の姿の差異』あるいは『あるべき状態や目標と、現状との差（ギャップ）』です。

問題とは何か

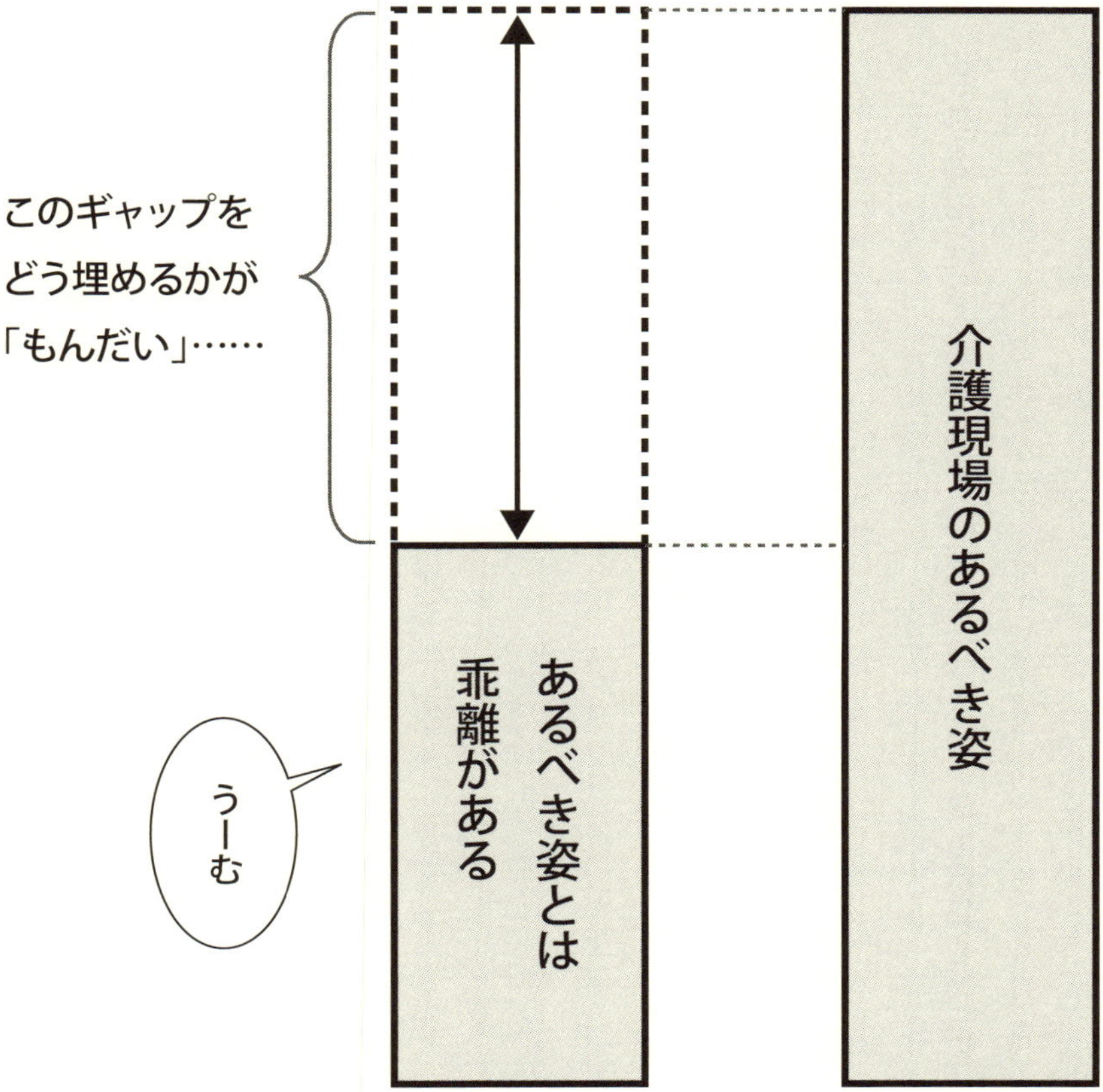

「これは問題だ」と言うときには、改善しようという気持ちが働き、「好ましくない差」「意図した目標と現状との差」の判断がつきまとうものです。**問題とは、好ましくない状態や意図した目標と現状との差です。**

「これで問題はなくなった」と言えるようなものはありません。社会の変化、業務の改善、個人の意識の変化などにより、常に問題は存在し続けています。そこで重要なのが「問題意識」を持ち続けることです。

問題意識とは、次のことを指します。

①前向きな素直な目で徹底して多くの事実をよく見て
②もっとより良い状態とは何かを想像して
③何が問題であるのかを具体的につかみ
④問題を解決するための方法と
⑤自分としてのなすべきことを考えること

問題解決のためにはなによりも危機感を持って取り組むことが大切です。

このままでよいのか、今のままでよいのか、絶えず自分自身に問いかけてみることです。常にあるべき姿を高く持ち続け、現状に満足しないことです。

ポイント　**「これで問題はなくなった」ということはない。問題意識を持ち続けることが重要**

2 現場の「問題」にはどのようなタイプがあるのかを把握しよう

問題のタイプには、現状と比較する対象によって、「現状維持の問題」「現状打破の問題」の2つがあります。

現状維持の問題は、うまくいっていたのに異常が出た場合、その原因を追求して、それを排除し、もとの状態にする活動です。現状打破の問題は、現状の停滞した状況を打破し、よりよい改善レベルへと向上させる活動です。

また、問題には結果系の問題と要因系の問題があります。たとえば、「人身事故が多い」という安全の問題は、「結果の問題」です。一方、「安全設備の不備」という問題は、「要因の問題」です。

問題を解決する手順は、まずは「自部門で解決すべき問題」を優先に取り組み、次に「他部門に依頼して解決する問題」という流れです。

クレーム件数が多いのは「顕在している問題」です。ケアの不具合の多くは「潜在した問題」です。ほとんどの問題は潜在しています。潜在しているものを顕在化し、問題を発見するために知恵を絞る必要があります。

ポイント　**問題のタイプによって問題の発見の仕方・解決の進め方の手順が異なる**

３　問題発見の基本ポイント

問題意識がある人ならすぐに問題が見つかるかというと、そうでもありません。

問題を発見するためには、問題の事実を調査し、問題を見つけるための見方、手順が必要です。

【発見ポイント】介護施設の方針、目標による問題発見

活動や運営は介護施設の方針、目標を基本にしなければならないのですが、現状と施設の方針、目標とを比べた場合の差が「問題」です。

部門、個人といったレベルでも、何をなすべきなのか、現状のどこを改善すれば、施設の方針、目標に到達することができるのかを、智恵を働かせることによって、問題はいたる所にあることがわかります。

【発見ポイント】品質・原価・納期などの問題発見

三現主義（現場・現物・現状）によって問題の状況を調べ、問題の特性を把握する必要があります。

問題点は次の６項目のいずれかにあります。

①ケアの品質が問題か
②経費が問題か
③納期・時間が問題か
④効率性が問題か
⑤安全が問題か
⑥志気が問題か

【発見ポイント】備品・器具・担当者・方法による問題発見

次の４つを調べて、問題発見をします。

①原材料や備品に問題はないか
②機械や器具に問題はないか
③担当者に問題はないか
④方法に問題はないか

【発見ポイント】３ムに着眼して問題発見

①ムダはないか
②ムリはないか
③ムラはないか

【発見ポイント】 5W1Hに着眼して問題発見

①何を（WHAT）
②なぜ（WHY）
③いつ（WHEN）
④だれが（WHO）
⑤どこで（WHERE）
⑥どのように（HOW）

【発見ポイント】「ばらつき」や比較による問題発見

①統計的手法の活用

「ばらつきの姿」を把握するためには、たとえば管理図を描くことによって、傾向を知ることができますし、「ばらつきの動き」が管理限界を越えたり、目標を下回ったりした場合、改善を要する問題点が発見できます。

同じ人、同じやり方でも品質には「ばらつき」が生じます。「ばらつき」には偶然のものと異常原因によるものがあります。管理図は、偶然か異常原因か区別するために有効です。

管理図では、中心線（あるべき姿）を書き、その上下に許容できる管理限界線を描き、記録します。

②比較による問題発見

組織・能力の比較問題、自部署と他部署との仕事のやり方を比較することによって、自分のところだけ見ていたのではわからない問題が発見できます。

また、前後の工程との関わり合いによる問題点も見落としてはなりません。ケアの工程は利用者のためのものですから、工程の不具合は利用者に迷惑がかかる問題です。

ポイント **問題を見つけるには、見方・手順が必要**

4 問題の効果的なとらえ方・基礎のキソ

個々の問題の内容や現れ方は、職種や部門によって多種多様です。しかし、見方によってはどの問題でも共通した角度でとらえることができるものです。

●改善効果の大きい重点問題のとらえ方

いろいろある問題点の中で、改善効果の大きい重点問題に着目して、これに挑戦していくことが重点指向の考え方です。

限られた人員、費用、時間など、すべての要因に手を打つことでなく、**狙ったところへ集中的に投入して活用し、効率よく大きな成果をあげる**というとらえ方です。介護現場の問題としてとらえれば、様々にある問題点のどれに焦点を当てれば効率良く成果が出るか、ということです。

●「結果の問題」から「プロセスの問題」へと追求していく

プロセス（仕事のやり方）のアウトプットが結果ですから、プロセスの良し悪しが結果に大きな影響を与えます。

結果だけを見ていると応急対策的な解決になりがちですが、結果の悪さからプロセスの悪さへと問題を追求していくことが大切です。

各プロセスの問題に対して手を打てば、当面の問題解決ができますし、問題解決に効果がある組織体質を作り上げることができます。

●「見える問題」から「隠れた問題」へ

誰の目にも問題であることが明らかな見える問題は、問題解決のための協力も得やすく、取り組みやすいものです。

しかし、隠れた問題は、隠れた状態が日常的となっていますから、臭いものに蓋になっている場合が多いのです。

職場の雰囲気や風土が、問題を顕在化する阻害になっていることもあります。

現状の問題、将来の問題を見つける目を養い、**隠れた問題を掘り起こし、先手で手を打っていくことが大切**です。

ポイント　**目に見えない隠れた問題を見つける目を鍛えよう**

「問題解決の手掛かり」

	何が問題か特定する		とるべき行動
理　論	**第２ステップ 診断分析** ・問題を把握し分析する ・現象をカテゴリー 別に分類する ・原因を考える ・足りないものをみつける ・問題の解決にあたって障害になるものは何か	→	**第３ステップ アプローチ方法** ・計画または目標設定としてどのようなものがあるか ・理論的な解決策はあるか ・とるべき行動についてできるだけ多くのアイデアを挙げる
	↑		↓
現　状	**第１ステップ 問題把握** ・何が間違っているか ・現象として現れているものは何か ・望ましくない事実は何か ・望ましい状況と対比せよ	→ ←	**第４ステップ 行動計画** ・何をするか具体化する ・問題解決のための行動計画を仕事の工程や段取りにしたがって作成する

5 問題発見に必須の能力である「情報に敏感になる」にはどうしたらいいのか

●情報感知力

情報とは問題を発見あるいは解決するために必要となる知識およびデータです。

情報を感知するために必要な知識は知性と知覚です。

知性とは、インテリジェンスのことですが、学ぶ能力を持つこと、新しい事態を処理できる能力を持つことです。

知覚には次の3つがあります。

①言葉、表情、身振りその他はっきりした行動などのキュー（合図）に対する〝反応〟です。

②価値判断をしたり、精神的な印象を形成したりすることです。

③意識あるいは無意識のレベルで理性的あるいは非理性的に行動することです。

知覚するということは、見たり、聞いたり、気づいたりすることです。

知覚によって体験し、評価することができます。評価することによって解釈し、行動へとつながります。

知覚を誤ることが多々起こります。知覚に影響を与える要素をすべて識別することはできませんが、ある程度は類推できます。

たとえば、無関係な〝行動の合図〟に反応してしまうとか、感情的な要素によって影響されるなどという場合です。権威が知覚に影響を与えることもあります。

●知覚を誤る要因に気をつけよう

知覚を誤る要因には次のように4つほどあります。

①サブリミナルな合図に反応してしまう

ユニフォームによって職業を認知してしまうなどです。たとえば、警察官と同じような服を着ていると警察官と見間違えるなどという場合です。

②表情とパーソナリティを結びつけてしまう

話し方の上手い下手から能力を判断してしまう。たとえば、微笑みならば本当のことを言っているという類です。

③第一印象に影響を受けてしまう

①や②の事象によって反応することがあります。

④感情的な要素によって影響される

理性的な反応よりは感情的な反応をする場合が多いものです。

ポイント

情報感知力を身につけることは大事だが知覚を誤る要因に気をつけよ

⑥ 情報収集力があるかないかは、コミュニケーション能力で決まる

●情報収集と記憶

①情報収集

情報収集の能力が高いかそうでないかは、コミュニケーションの良し悪しによって決まります。

コミュニケーションの語源は共通なものを交換し合うことです。誰かと分かち合いたいと思うアイデアを持つことが始まりです。コミュニケーションの要素は、情報、シグナル、メッセージなどです。

つまりは、コミュニケーションとは、ジェスチュアや言葉その他のシンボルによって**相手に送り、または相手から受け取る**ことです。

②記憶

記憶とは過去の経験を再生する機能です。その機能には、印象づけ（学習）、保持（印象を保存する働き）、想起、再認識（何かの合図によって再認識する働き）があります。

そのプロセスには、記憶する段階と記憶を保持する段階があります。

・記憶する段階

最初が肝心です。人の名前を覚えるには、名前を聞き、必要があれば繰り返してもらい、どのような字を書くのか尋ねて、その人をよく観察して、名前と顔の特長を結びつけることになります。そして、意識して覚えることです。

・記憶の保持

難しい言葉には注意深く反応し、理解するために数秒かけるといいでしょう。書かれていることをできるだけ明らかにして頭に描き、視覚化します。

自分にとって意味があるようにすると覚えやすくなります。具体的には、既に学んだ素材との間に連想関係を作り上げると容易に記憶を保持することができます。

●創造力を養うためにもコミュニケーション能力が必要

考えを受け止め、伝える能力を高めることは創造力を強化します。それは、コミュニケーションの感度を高めることです。

①考えを受け止める

相手の反応は自分の立場と心の枠組み（フレーム・オブ・リファレンス）からみて、何が言われているのかを大枠で評価します。

②効果的なコミュニケーション

ただ相手の言ったことに同意することが効果的なコミュニケーションではありません。お互いが尊敬し合う雰囲気のなかで、感情と考えを自由に表現するときに、効果的なコミュニケーションが行なわれやすいものです。お互いの意見の違いがあるのは当たり前であり、その違いを認める気持ちがあるからコミュニケーションがうまくいくのです。

③伝えるコミュニケーション

伝えようとしている意図が伝わっているかどうかを確認するためには、フィードバックが大切です。その際、**受け手が自分なりの言葉に直して、送り手のものと一致しているかどうかを確認**します。

●入手した情報をどう問題解決に活かしたらいいのか

入手した情報を活用して、効果的に問題解決をしていくためには、考え方を、「だがしかし」型から「そして」型に変えて発想します。つまり、自分の体験を否定的に見るのではなく肯定的なものとして位置づけます。

また次のように水平思考をすることで、問題解決に活かすことができます（※カッコ内が水平思考です）。

水平思考とは、発想の横軸展開です。問題を解決するために、既成の理論や概念にとらわれることなく、アイデアを生み出す方法のことです。

①生み出す（選ぶ）
②いくつもの代替案を用意する（正解を求める）
③方向を生み出す（正しい方向を探る）
④刺激する（分析する）

⑤あちこち動きまわる（連続的に動く）
⑥途中が正しいかどうかに関心を持たない（どの段階でも正しい）
⑦提言を歓迎する（無関係なものを排除する）
⑧名称にこだわらない（分類し名称をつける）
⑨もっと可能性の低いことを開発する（もっと可能性の高いことを開発する）

ポイント **入手した情報を解決に活かすには問題解決思考（水平思考）を身につける**

7 介護現場の事故防止をするために必要なことは何

●事故防止に必要な対策

事故を防止するためには3つのステージがあります。原因分析、再発防止対策および保持保安です。

(1) 原因分析

原因を分析します。たとえば、取り扱い誤りや制動誤りが原因であるとします。原因を分析した段階でさらなる原因追及が必要です。

さらなる追求とは素因を明らかにすることです。素因には、憶測、失念、怠慢、錯誤、技量などがあります。

(2) 再発防止対策

対策には、指導教育面、業務面、設備面、組織体制面があります。それぞれの事例を見ていきましょう。

①指導教育面

立ち合い、個別指導、教育訓練、指導強化、健康チェック、作業の厳正、安全意識指導、機器操作の取り扱い指導、指導者に対する指導などです。

②業務面

作業方法の変更、作業方法の見直し、作業方法の点検、マニュアルの整備、チェックリストの整備、作業の看視などがあります。

③設備面

装置の設置、装置の導入、車両の検修、装置の検修、装置位置の見直し、デザインの見直し、再徹底などがあります。

④情報面

警告電報、達示の発報、掲示、事故状況の詳細な調査実施、過去の事故事例研究などです。

⑤組織体制面

緊急会議の開催、新組織の設置、役割分担の明確化、研究会の開催、緊急会議、注意喚起、個人面接などです。

（3）保持保安

保持保安とは、人間の生命、財産を守る行為です。縦横動静の保安、ルールの規定化、基本動作の徹底などがあります。

①縦横動静の保安

縦の保安、横の保安、動の保安、静の保安があります。

②ルールの規定化

ルールを規定する際には、単純である、明確である、実情に合っている、理論的に納得できる、日常とかけ離れていないなどが留意点です。

③基本動作の徹底

ある業務を遂行する場合に職員が誤った行動をとらないために、また能率よく行なえるためにあらかじめ定められた動作を基本動作と言います。

基本動作には3つの合理性が求められます。設備に適合している、人間の弱点をカバーしている、過去の経験が生かされているという3つです。

ポイント　**ルールづくりの際は、単純明快、誰が読んでも理解できるものにする**

❽ よく起こるヒューマンエラーを予防するにはどこら辺から見直していったらいいのか

人為的過誤や失敗のことをヒューマンエラーと言います。

ヒューマンエラーを予防するためには、まずは、「はたらき」、「しわざ」、「行ない」を見直すことです。ヒューマンエラーは意図しない結果を生じる人間の行為です。
①自己の「行動品質」
ヒューマンエラーの多くは職員の「行動品質」が悪いから起こります。

そして、「行動品質」が悪いのは、多くは面倒くささや、親和性がないことから生じます。

次のことを自問してください。

・威圧的な感じを与えなかったか
・うなり声や声を荒げることはなかったか
・腕を組んでいないか
・足組をしていないか
・手振りと手招きなど横柄さを感じなかったか
・貧乏揺すりをしていないか
・スピード感があったか

・緩慢な動きはなかったか
・怠惰な感じを与えていないか
・頬杖をして待機していないか
・ポケットに手を突っ込んでいないか
・適度な微笑みか
・冷笑と受け取られかねないのではないか
・ふくれっ面のようではないか
・しかめっ面をしていないか
・にらみつけていないか

ポイント　**めんどうくさがった行動をしていないか**

9 問題職員の行動を変える上司の関わり方・3つのポイント

管理者は、優位者の立場から部下を叱責しますが、やり過ぎると、部下は、堪忍袋の緒が切れて、がばっと立ち上がったり、叫びはじめたりすることもあります。

ただ叱ることで部下を追い詰めても、何の解決にもなりません。要は、どう部下に関わることで、職場の目的を達成していくかが、管理者の最大の仕事です。そのためには、管理者には、「部下の行動変容を促す関わり方」が求められています。

●利用者からクレームのあった職員を叱責した際のしぐさからわかる心理

職員が叱責されていることを肯定、受諾した場合には、首の縦振り（うなずき）によって、確認、激励、理解、同意そして事実を表現します。

その反面、「自分は間違っていない」と否定、拒絶する場合は、首の横振り（いやいや）などのしぐさをします。これは、承諾できない、承諾するつもりはない、不賛成である、知らない、不満、困惑を表しています。

また、首ひねり（首の横振りの半分の動作）、首かしげ（頭をリズミカルに左右に傾ける）をする場合は、そうかも知れないし、そうでないかも知れないということを意味しています。

首もたげ（頭をぐいと後ろにもたげ、ややゆっくりと元に戻す）は、否定を表すことが多いものです。

●職員の行動を変えるための管理者の関わり方のポイント

【ポイント1】問いかける

①その職員の仕事やケアのやり方に興味を抱き、問いかける
②業務以外のことも積極的に問いかける
③利用者の問題点も問いかける

【ポイント2】提案する

①本人ができることを提案する
②利用者にとってのメリットを提案する
③利用者の行動変容を促す提案をする

【ポイント3】約束する

①「今後やってほしい行為」「やってはならない行為」を明示する
②次回の日時を確認する
③本人が利用者にとるべき行動を約束させる

ポイント　**問いかけ・提案し・約束することで「行動変容」を促す**

10 職員によるケアスキルのばらつきをなんとかしたいのだが

職場のケアスキルを管理には次のような手順があります。

【手順1】 スキル特性を徹底して分析する

主としてケアに関するスキルを洗い出して特性を見出します。そして、特性傾向を分析します。

【手順2】 スキルの質を高めるためになすべきことを共有する

スキルの質を高めるために、どのような技術管理をすれば、介護保険法等法律が要求していること、あるいは利用者の満足度に対応したスキルの品質水準を作り出すことができるのかを討議し、検証します。

そこで、スキルの技術の質や業務の効率性を左右する、要因の把握と徹底分析が必要です。

【手順3】 退職や配転など人員の入れ換え時および勤務制の交替時に、どのような技術水準を設定し、維持するのかを決める

技術水準に対応した、職員の能力育成のしくみをどのようにするのかが課題です。

【手順4】　品質や効率を維持することができる工程の段取りを、どのようにするか決定する

介護保険法等法律が要求していることあるいは利用者の満足に対応するために、どのような工程管理が必要なのか、計数化します。

スキル品質の変動要素を洗い出して管理可能なものと管理が極端に困難なものを区別し対処法を検討します。

●スキルアップを成功裡に導く手順

現有のスキルでしか対応できない仕事の範囲を洗い出します。

この領域は、工程の手順を変更するなどしてスキルアップの実践のために行ないます。

①現有スキルで対応する仕事の範囲を工程化する
②職員が提供するスキルの範囲と程度を明確化して、スキルアップの内容と方法を手順化する
③新しいスキルに対応できる特定の職員に手順どおり実施させる
④職員の導線や利用者との接触面の時間や回数などについて統計をとる
⑤手順の改善を行ない、品質レベルや業務効率を高めていく

⑤新しいスキルの標準化手順を設定する
⑥新しいスキルに応じて流動的に配置人数を設定し、能力の優劣に応じた人員の配置表を設定する
⑦配置表を公開して、職員の意識をその気にさせるとともに、新しいスキルの運営管理体制を計画化する
⑧職員のスキル習得訓練を計画化し実施し、必要な場合には多能化訓練を行なう
⑨新しい運営管理制における新たな問題点を探索して必要な修正を行なう

●ケアスキルの品質管理

品質の善し悪しは、利用者の受容程度によって決まります。
品質管理の要点は、不具合の排除およびケアやサービス提供時間の合致性です。
品質はケアやサービス工程で求めるものです。

（1）品質の検査

品質の検査とは品質の範囲と程度をチェックするものです。
検査情報はただちに現場に戻す必要があります。

①検査の手順

選別、情報および源流に関する検査があります。

選別検査は、合否を判定して選別するものです。情報検査は、検査情報を戻し工程で不具合を是正するためのものです。

源流検査は、不具合の原因を検査し、点検して発見し対応するものです。
②検査の種類
ケアやサービスの検査には、方式、特性、場所、目的があります。

方式は、全件検査、抜取検査、随意検査があります。

特性は、利用者の満足度、官能検査（人の五感に頼る）があります。

場所は、定位置検査（一定の場所で行なう）、巡回検査（現場を回って行なう）があります。

目的は、入所時受入工程、入所中工程、退所時最終工程があります。
③三現場主義検査
不具合発生現場に行き、不具合を目で確かめ、不具合発生状況を観察することを**三現場主義検査**と言います。そのうえで、担当者の意見を聴くことになります。
（２）ポカヨケ検知とＩＳＯ９０００シリーズ（品質マネジメントシステムに関する規格）による品質維持
①ポカヨケ検知
ときに予期も想定もしていないポカが発生します。ポカの検知には３つあります。接触の検知（利用者との接触場面を検知）、定数式の検知（一定回数を要する業務に対して回数の過不足を検知）、標準動作異常の検知（手順毎に標準から外れたことを検知）などがあります。
②ＩＳＯ９０００シリーズによる品質維持
システム（品質維持）のトップダウン（方針管理）を行ない、あるべき姿を構築し、文

書化します。そして、実施過程でのチェックと記録を取ります。品質要求を満たし、信頼感を与えるために必要なすべての計画的および体系的活動です。

●スキル取得計画

ケアの品質方針、品質目標、達成方法などを規定した品質マニュアルを作成します。部署単位ごとに品質方針を具体的に展開する計画づくりをします。

（1）スキルやサービス等のＰＤＣＡ

ＰＤＣＡとは、品質管理などの管理業務を円滑に進める手法の一つで、計画（Ｐ）、実施（Ｄ）、検査（Ｃ）および処理（Ａ）のことです。

①計画

ケアスキル、サービス、工程など介護業務に関わる品質システムの計画化です。

②実施

計画に基づき実施します。

③検証

計画と実施に乖離がないかを検証します。そして、経営管理者へ報告（品質方針と品質システムの運用度、予防や是正措置）し、経営管理者から見直し（報告にともない品質システムの機能性を検討）の指示を受けます。

④処置

品質システムの有効性を維持するための指示と確認を行ないます。

ＰＤＣＡの４段階を繰り返すことによって、業務を継続的に改善します。

（４）スキルやサービス等のＳＤＣＡ

スキルやサービス等の標準化システムです。ＰＤＣＡのＰをＳに入れ替えたものです。Ｓとは標準化のことです。

良質なケアやサービスのためにバラツキをなくすためのシステム化です。

①４Ｍ管理

担当者、作業方法、材料、機械設備の英語の頭文字から４Ｍ管理と言います。それぞれを標準化します。

②環境管理

温度、湿度等環境の標準化です。

③層別管理

担当者や方式などの標準化づくりです。担当者別（技能、経験、勤続、年齢、男女、個人など）、機械設備別（機種、構造、性能、器具など）、原材料別（メーカー、ロット、等級、入荷日など）、方法別（作業方法、作業場所、温度、湿度など）、時間別（季節、日、昼夜、曜日、時刻など）などの層別があります。

●スキルの技術革新

介護事業の経営には環境適合が欠かせません。環境適合によって、変わる領域は３つあります。１つはスキルの技術革新、２つは業態変更、３つは人々の価値観と行動パターンです。

この3つを先行予知して、技術、サービス、事業のライフサイクルの継続的ブレークスルーを行ないます。それは、事業の生き残りのために、先行革新的な事業の組織風土を形成することなのです。

介護事業の事業革新は、スキルとサービスの革新がなされなければ効果は低いものになります。事業革新は、スキルとサービスの革新が重要です。考え出すことと作り出すことを革新することが本質です。

考え出すということからすると、これまでに蓄積してきたスキルあるいは新規に開発したスキルを駆使して、社会に役に立つものや利用者の期待水準に合致したものを開発する必要があります。また作り出すということからすると、工程そして手法を絶えず見直します。問題となる箇所を改良することによって品質適合、効率向上、経費削減などを実現していかなければならないのです。

(1) スキル開発

開発の手順は次のとおりです。

①スキルのコンセプトを明確化する
②スキルの要素技術を確立する
③スキルを提供するためのバラック(模擬空間)を作って実施する
④スキルのモデルとして標準づくりをする
⑤工程の条件を考慮して実践する

⑥全体で実践するためにシステムのトライアルを行なう

（2）担当者の意識革命

担当者は、どちらかと言うと、人から援助されるのを嫌がるものです。自分でやりたいと思いがちです。そこで、ケアスキルの集団を作り出すための手順が必要となります。

①職場に夢を語り合える風土を作る
スキルの夢、介護の夢、事業の夢を話し合うためのものです。

②未来に向けて今の行動を選択する
発想の転換を求めるものです。

「IN　OUT」の発想から「OUT　IN」の発想を促します。

施設（IN）としての発想で、利用者や地域（OUT）のことを考えるだけではなく、利用者や地域（OUT）の発想で施設（IN）のことを考えてみましょう。

③データに基づく分析、解析
技術解の追求するものです。

④自らの目標を設定する
挑戦と創造性および勇気を持つことです。

⑤職場の働きがい
情熱的風土に作り出すための工夫です。

ポイント　**スキルのモデルとしての「標準」を作り出す**

11 改善提案をしても取り上げてくれないし何を改善したらいいの？

●改善テーマを発見する

たとえば、分析法、特性列挙法、欠点列挙法等があります。

（1）分析法

問題を細分化して分析するものです。

科学的分析、経営分析などがあります。経営管理分析としては財務分析、市場分析、動作分析、帳票分析、工程分析、事務分析、職務分析、製品分析、商品分析などがあります。

（2）特性列挙法

クロフォード教授（ネブラスカ大学）が考案したものです。**問題点を把握するための分析的技法**であり、主として物の問題を分析します。分析法の1つとされています。

（3）特性

特性は3つに大別できます。名詞的特性、形容詞的特性、動詞的特性です。

名詞的特性には、構成する部分や要素に着目した全体、部分、材料、製法があります。

形容詞的特性には、色、軽量、清濁、大小などといった性質です。

動詞的特性とは、何に使うのか、あるいは使えるのかといった機能です。

（3）欠点列挙法

どのような欠点があるかを見極めます。
欠点をなくすのにはどうしたらいいのかを列挙していきます。

●改善のためにアイデアを出し合う

介護事業は、環境そのものが変化していますから、過去の繰り返しでは適合化は上手くいきません。何か今までとは違う新しい対応が必要です。新しい対応とは成果を創造することです。成果を創造するために必要なものがアイデアです。

（1）アイデア

テーマあるいは目的を特定して対策あるいは手段を講じることがアイデアです。アイデアを高めるためには創意工夫豊かなマインドが欠かせません。

マインドとは性質、価値観、見方、考え方、態度などの発露となるものです。アイデアは、「誰でももっと良くしたいという考えはある」ということが前提です。

アイデアは伸ばすことも学ぶこともできます。このままでいいとか、人並みでいたいと思っているか、組織や社会に課題があるという傍観者意識があるとアイデアは湧いてきません。

アイデアとは問題を解決するために必要なときに生み出されるものであり、今までとは違った方法のことです。アイデアの要素はタイミングと表現です。

アイデアは方向を出せば良いということではありません。アイデアは、**技法や手法を駆使して出していくもの**です。「コミュニケーションをよくする」というのは方向であり、方法とは少なくても「何をして、相手の誤解を少なくする」ということです。

（2）改善のヒント

改善のヒントは、類似思考にあります。象形文字もたとえ話も類似思考です。**違ったものの中にある共通点や類似点を見出すこと**です。

同じ形態、性質あるいは機能を持つものからヒントや着眼点を発見します。

同じ機能を果たすもの、しかし、今までのものとは違ったことを考えます。そのためにはまずは、改善のテーマを抽象化します。共通の特性を抜き出してまとめることを抽象化と言います。

①日常場面

理解したい（明確化したい）物事や対象を設定します。物事や対象が持つ特徴をあげます。同じ特徴を持っているものを探り出します。相応しい（適切な）ものを選び出します。

②改善場面

解決したい（アイデアを出したい）物事やテーマを設定します。テーマが持つ働きや性質を取り出します。同じ働きや性質を持っているものを探り出します、これをモデル化と言います。解決したい（アイデアを出したい）ことのアイデアを捻出します。

（3）改善する法

いくつかの技法があります。

①ゴードン法

動詞的特性である、「何に使うのか（使えるのか）機能をとらえて抽象化するものです。

今までとは違った角度から新しい製品やサービスを考案します。テーマを抽象化します（機能に着目して動詞で表現する）。テーマを提示します（動詞を示す。テーマは暖める）、類似思考をします（考える）。アイデア化します（出た情報をヒントにアイデアを得る）。

②チェックリスト法（設問法）

考えられるあらゆる事項をあらかじめ箇条書にします。ひとつずつ評価しながらアイデアを出していきます。

大切なことも見落としなく評価できるという利点がありますが、欠点もあります。たとえば、必要がないことまで評価するので時間をロスし、チェックリストに頼りすぎると新しい課題に対応できなくなるとか思考力が欠落するなどという欠点です。

③オズボーンのチェックリスト

オズボーンのチェックリストは９つの視点があります。

他に使い道はないか、他からアイデアが借りられないか、変えたらどうか、拡大したらどうか、縮小したらどうか、代用したらどうか、入れ換えたらどうか、逆にしたらどうか、組み合わせたらどうかです。

④エリア・シンキング（ＭＩＴのアーノルド教授）

４つの視点があります。機能の増加、性質の向上、生産費の低減および訴求魅力の増加です。

●改善する

改善とは、今や、世界語です。

改善には多くの技法がありますが、3つほど挙げておきます。

（1）改善の技法

①入出法（インプット－アウトプットシステム）

アイデアの発想が入、到達点が出です。

たとえ話の「風が吹くと桶屋が儲かる」も入出法です。「風が吹く」が入、「桶屋が儲かる」が出です。

風が吹く、埃が立つ、目に入って目を悪くする、目を悪くした者が世過ぎのために三味線を習う、三味線弾きになる、三味線の皮が必要になる、猫が捕らえられる、猫の皮が三味線に使われる、猫がいなくなったので鼠が増える、鼠が桶をかじる、桶屋に注文がくる、桶屋が儲かるという連関です。

②焦点法

入出法のうち出は決めて、入りを任意にするものです。随筆や広告、商談や説得などに効果があります。

③形態分析法

アイデアを形態的に整理し、付け合わせを行なってまとめあげていく方法です。新製品や新技術の開発、包装の改良などに効果があります。

（2）管理と改善

管理と改善は連携しています。管理とは現状が基準よりも低いときに現状に引き戻すこと、改善とは現状が基準よりも低いときによりよい状態にすること、あるいは基準を越えることです。

①自責か他責か

管理も改善も対症療法か根本療法かが問われます。

	自責	他責
根本療法	挑戦する 協力を要請する	答申する このようにしてください
対象療法	実践する すぐに行動する	協力します 行動してください

②信頼領域を作る

管理も改善も信頼領域を作ることが必要です。

信頼	独善・独断（こだわり）
劣等感	破滅（あせり）

信頼領域は、集団維持のための努力が欠かせません。

③思考する

改善にいたる手段が、明らかではないような場面において、手段や合目的的な関係を見出す活動を思考と言います。

（3）改善の手順

改善テーマは、行動用語で思考することです。考える、記録する、工夫する、計算する、行動する、観察するという行動用語で表します。

①観察する

現場で、現物を、現実的に（三現主義と言います）で観察し思考することが重要です。

②思考する

思考するとは具体的には次のようなことです。

・誰の立場で取り組むのか
・現状はどのようになっているのか
・特に何がどのくらい問題なのか
・問題をどのようにとらえるのか
・引き金になったものは何か
・問題がさらにどのような問題を引き起こしているのか
・問題を解決する目標あるいは改善基準は何か
・目標達成は何がどのようになればいいのか

・そのときにどのような制約条件があるのか
・目標達成までにどのくらいの日数や人員を投入するのか
・改善したときに何がどのくらい良くなるのか

ポイント

改善したら何がどう良くなるのかを明確にする

⑫ 行動に責任を持ちなさいというけれど、ちゃんとやっているのにどうしたらいいんですか

●行動管理

計画性がないために失敗して、苦しさを味わう羽目に陥った体験は誰にでもあるものです。そこで必要なのが行動計画です。

（1）単なる思いつきとは違う

単なる思いつきや一時的な衝動と行動計画は異なります。しかし、多くの人は単なる思いつきや一時的な衝動で終わってしまい、方向性のない日々を送ることになるものです。その理由は、計画の立て方を知らないからか、考えたことを行動に移すことがわからないからです。結果を視覚化して思い浮かべることができないからです。

①視覚化

心に描いたことや考えたことを、紙に文字を書くか、あるいは絵に描くことが視覚化の手始めです。

②意図的な決意

書かれたことあるいは描かれたことを見つめ確固たる決意を持ちます。意識して行動を変えていく意図的な決意です。行動計画とは**やり方を変えるためにあるもの**です。意識し

て行動を変える決意をすることです。

③行動習慣化

行動を習慣化するためには行動計画が必要です。一つひとつの行動が習慣化への道になります。

繰り返し、繰り返しやっていくうちに自信がつくものです。自信は実力そのものです。計画どおりに行動することによって習慣化へのエネルギーが湧き出ます。成功には喜びが、失敗には言い訳がつきものです。その場所でその時間にどのような行動をするのか。これを行動の習慣と言います。

（2）決意する

行動を変えるためには変えるための決意が必要です。

行動を習慣化するためには集中して、実行することを繰り返す熱意が欠かせません。熱意は障害を克服します。

①決意

達成したいと思う目標を設定します。

②達成期限

堅実に前進するための時間軸に対応した計画を立てます。

③欲求を駆り立てる

上手くいくという強い自覚をもとに欲求を駆り立てます。

④強い自信を持つ

自信が持てないのは、「与えられた立場に適応するだけの力がない」のではなく、「与えられた立場に適応するだけの力がないと心に思う」からです。

挫折するとか上手くいかないという意識が先に立ったら、失敗の布石にしかなりません。

(3) 積極性を培う

熱意は心のあり方を制御できるし、積極性を培うことができます。知的活動が行動となって外部に表れるためには対象となる刺激が必要です。目標や誘因あるいは動機です。

「やっぱりやらなければだめだ」

積極的思考とは外に向けられた考え方です。他の人々の立場に立った見方です。消極的思考は、内に向けられた考え方であり、自分自身を守り、正当化し、自分の犯した誤りを弁護するものです。

成功への機会はどこにでもあるものです。今を興味つきないものと受け止めることが成功への第一歩です。全力投入すれば成功への機会は目の前に開けてきます。

たとえば、仕事ですが、今の仕事を興味つきないものとみなすことからはじめます。仕事の善し悪しは、その仕事から何かの価値を引き出すかどうかにかかっています。

●人を動かす

人を動かす初手は説得です。

説得とは動機づけをともなった意思の伝達です。

効果的な説得は1対1のコミュニケーションです。

（1）説得の手順

①何を成し遂げたいと思っているのですか
②それを成し遂げるために道のりの途上に横たわる障害物はありますか
③その障害物を乗り越える方法は何ですか
④成し遂げたときに何を手にしますか
⑤それを成し遂げることに価値を見い出せますか

⑤がイエスなら説得は相手を動かしたことになります。

相手が動いたとしたら、あなたの説得に納得したことになります。説得が納得した時点を合意と言います。

効果的な説得は、誤解、混乱、間違いそして時間を節約することができますが、双方向の作業をともないます。

（2）時間軸で動機づける

時間は、個人の采配で使うことができますし、優先順位をつけることができます。重要度の低いことは後に回します。必要な決断を下すことで時間を有効に使うことができます。

決断力がない場合や優先順位を設定していないときには、引き延ばしという方法をとることもできます。

タイム・イズ・マネーです。時間もお金も自ら管理することができます。しかし、時間管理を放棄したら他者のものになってしまいます。これが時間とお金の類似点です。

時間は蓄えができません。これがお金と違うところです。時間軸で動機づけるということは、計画通りに行動することを促すことです。

今日しなければならないことは、明日に引き延ばしてはいけないということです。時間は自然からの贈り物です。時間は等しく誰にでも与えられた資源です。時間は進歩の尺度であり、成長には不可分な要素です。

ポイント　**達成するという目標を持ち、意識して行動を変えていく**

第4章

「介護の仕事、これからもやっていけるかな」と思っているあなたへ贈るいくつかのアドバイス

1 介護福祉士の仕事にはやりがいが感じられない。辞めようと思っています

誰にも職業を自由に選ぶ権利があります。

転職支援を事業にしている企業も数多く存在します。退職しても納得して再就職をするとしたら、それはそれで新しい職業人生の始まりです。

でも、介護の仕事に就いたのは間違いだったとか、失敗とは思わないでください。

退職届を提出する前に、介護の仕事を選んだあの日のことを思い起こしてもらいたいのですが、いかがですか。

そのうえで、介護の仕事はやりがいがないと思うようでしたら退職の申し出です。そして、再就職活動です。

●介護の仕事

介護は利用者個人に直接かかわる人間関係の仕事です。

排泄や睡眠、清潔などの具体的な日常生活支援業務に携わるとともに、利用者の心のケアを担当します。

利用者の不安感や心配事や孤独や痛みに耐える力をサポートします。介護福祉士の仕事は、マイナスの気分になっている利用者に関わって、慰め癒し元気づけ、プラスの態度を

育みます。

介護は、利用者一人ひとりに対して全人的なお世話をします。細やかな心くばりと具体的な援助行為によって、利用者を励ましていきます。予防と治療、そして日常の健康管理というように利用者の全生活に関わって支援します。

介護とは、利用者をまるごと人間（ホリスティック、Holistic：全体的）としてとらえた仕事です。

介護の知識や心理的な配慮をしながら、利用者個々人の感覚的世界を統合的に把握する仕事です。

●介護の源流

看護も介護も源流は隣人愛です。「良きサマリア人」（新約聖書　ルカ10、30～35）のことを知っていますか。サマリア人は、強盗に襲われた旅人を助けました。ねんごろに癒したという隣人愛の話です。

良きサマリア人の隣人愛には5つの行為が含まれています。

①自発的な行為

命令や義務や責任を感じて行なったのではありません。自分自身が自らの心に忠実に自発的に思い立った行為です。

②愛情を持った行為

相手を「看る」ことに徹しています。相手をよく看ることによって、外から観察しつつ、その人の心の中に入っていきました。共感する感性を持っていました。共に生きていることを感じ合える愛情があってこそできることです。人間関係を深め、愛を創造していく能動的な行為です。

③自分から隣人になる行為

隣人になるということは、「いま、ここに」いるという実感を共有したからこその行為です。響き合うような生命の躍動を感じ合っての行為です。

④共にいるという行為

心の触れ合う関係が深まり、お互いの心が安寧になっていきます。共感することによって、お互いが心から癒され、安寧な心境になってきます。

⑤隣人愛は相手を選ばない行為

愛は差し出す相手を選んだりはしません。自分にとって利益になる相手であるとか、相手は自分をどう思っているかなどの思惑は不必要です。

●介護の実践

介護の仕事は隣人愛のなせる業です。かけがえのない生命を守るために、利用者と向き合って、具体的、個別的、即時的に生活の統合的支援をしていく行為です。

介護は統合的人間学の実践です。空気の調整、身体の清拭、介助、食事の世話、静けさの環境整備、心の不安さへの相談、癒しのはたらき、家族や地域社会との連携など統合的に関わっていく行為です。

介護福祉士は、全人的関係を保つ尊い仕事です。隣人愛の行為は、利用者を焦点にして、必要に応じて医療や福祉関係者と協働する行為です。

退職するかしないか、立ち止まって考えてください。介護とは補助的な役割ではありません。人間愛によって社会実現をめざした業なのです。

ポイント

介護は専門知識や心理的精神的な配慮をしながら利用者に関わっていく

2 介護職は給与が安いし、仕事は厳しいし、利用者には文句ばかり言われるし、心が冷えてしまいます……

利用者と心が共響（共感）した体験はありませんか。苦しみや楽しみに共感して、こころが共鳴したことがありませんか。あると思います。介護は共感や共鳴あってこその仕事です。

●なぜ介護の仕事を選んだのですか？

人は自分の仕事を選ぶときに、自己に対する何らかの動機づけをします。世の中に尽くしたいとか、自分の才能を社会で発揮したいとか、動機づけをしたのではないでしょうか。

あるいは、直観的に自分の仕事はこれなのだと決めたのかも知れません。それでも職業についてから仕事の意味がわかってきて専門職としての誇りを持つようになることもあります。

●他者の働く姿に動機づけられる

仕事に取り組んでいる先輩の真摯な姿勢、うしろ姿にひかれたことはありませんか。働いている姿にオーラ（aura：霊気）を受けた体験がありませんか。

その人に、「あなたは、なぜ介護福祉士という職業を選ばれたのですか」と質問したことはありますか。

たぶん、その人は、「介護の仕事があったから」と答えるかも知れません。

英国人の登山家、ジョージ・マロリー氏がエベレストに登頂したときの記者の問いかけです。「なぜエベレストへ登るのですか」、答えは、「Because it is there．（そこに山があるからだ）」でした。未知の世界に挑んだ登山家マロリー氏は、山を愛し、山が人生のすべてであるという情熱の発露としての登山ではないでしょうか

私は介護の仕事を次のように解釈しています。

●出会いがある

人と人とのコミュニケーションは、言葉を媒介にした交流ですが、それだけではありません。

相互の心の奥深いところで、刺激を受け合う態度や感情の交流が、何かしら新しい出来事を生み出すようになるのです。

表面上の言葉のインパクトだけではなく、全人格な変化につながる「関係」が生じるのではないでしょうか。人と人との交流を通して、大きな変貌が起こるのです。

利用者に対して関わりを持つことが介護職員の仕事ですから、感受性を高めて的確な応答をしていく技能を磨く必要があります。

介護職員のコミュニケーションは、日常業務のマニュアル通りに、利用者の質問に模範

的な回答をしてみても、相手が受け入れるかどうかはわかりません。

一方通行の伝え方では、職員の自己満足になることもしばしばあります。

また、利用者の都合でこころに届くことが無理な場合も出てきます。

しかし、**コミュニケーションには、利用者のこころの中に入って共に響き合うような態度や言葉が必要です。**

それでこそ「変化」が生じる出会いが待っていると思います。それには、利用者の身になって、感じ取ることのできる感受性、自分の伝えたいことが相手のこころに届く伝え方の技能が求められます。何よりも一人ひとりを大切にする態度や心構えが必要です。

人と人とのコミュニケーションは深まりを求める「出会い」によって、心の変化が生じるのです。

「介護」とは利用者との関係性の創造です。

●アイデンティティー

介護の仕事は、生死に対峙している利用者に対して、全人的な関わりを持ってアプローチすることです。

利用者と介護職員のコミュニケーションは言葉だけではなく身振りや全身的なコミュニケーションによって相互に刺激を与え、相互に変化をもたらすものです。

相互の交流は、相互に自分の置かれている立場や相手と対峙して自分の立場を見直すことにつながります。

自分は自分で理解できると思いますが、関わりを持つことによって、他者からの指摘で自分の立脚点が明らかになります。他者からの「問いかけ」があって、自分は一体何者なのだろうかと見直すことができます。

信頼できる人と対話をしていくときに、鏡のように反射して自分に戻ってくることがありませんか。その時にコミュニケーションが成立したのです。双方向のコミュニケーションを通して、自分が生きている足場や居場所を確認することができるのです。

アイデンティティー（Identity）という言葉は、自己認識、自己存在証明、自己同一性、主体性と訳されていますが、**独自性の自覚**です。

アイデンティティーとは、自分が立っている足場というか居場所を、他の人からの指摘によって、自分の存在を自覚し再確認することです。自己客観化とも言いますが、照らし合わせることによって自分を立体的かつ客観視して冷静に知ることができます。

自覚によって、自分の存在意味を考え、自分がこの世に生きている意味があるのだと感じるようになります。

これが、アンデンティティーの覚知です。自己存在の証明として、自分が生きていく意味を見い出すきっかけになり、自分は何か役に立ちそうだという社会的な貢献意識ができてきます。

覚知とは悟り知ることあるいは気づくことです。

ポイント　介護とは利用者との関係性の創造である

3 介護の仕事に働き甲斐がないわけではないのですが、同僚との人間関係が上手くいかなくて、どうしていいかわかりません

コミュニケーション、コミットメントに関わる悩みです。

コミュニケーションは他者との関係性ですが、人は、時に、自分の中のもう一人の自分と対話をすることがあります。

利用者の生活のすべてをより良く支えていく仕事が介護です。介護の仕事は、利用者を全人間的に受け止めることです。利用者は全身で、生命の営みを表現しています。

コミットメントには、自らが主体的、積極的に仕事に打ち込んでいく献身的な姿勢が求められます。コミットメントは、働き甲斐の支えでもあります。

●インター・パーソナル・コミュニケーション

インター・パーソナル・コミュニケーションは相互理解の関係性のことです。相互理解とは、自分を相手に知らせて、相手を受け止める対人関係の交流のことです。

インター・パーソナル・コミュニケーションのスキルは、介護の仕事には欠かせません。

インター・パーソナル・コミュニケーション、相互理解を深める関係性を形成するためには、３つのことが必要です。

①立場を明確にする
自分の仕事観、働き甲斐を追い求めるための基本は、立場を明確にすることです。まずは、自分の介護観を明確にして相手に話をすることです。そこで、相手に自分を提示するプレゼンテーションスキルが必要です。
②柔軟に対応する
相手と交流する過程で自分の感受性を高めて、柔軟に対応していくことです。
③対話するスキル
対話には技術的ノウハウが必要です。

●コミュニケーションスキル

コミュニケーションスキルは、相手を知るための感受性と自己の行動の柔軟性を身につけるためのものです。

コミュニケーションでは情報を伝達し、情報を受け取ることが同時に行なわれます。

介護の仕事では、利用者と交流をするためにコミュニケーションスキルは欠かすことができません。

同僚部下上司という三者の人間関係を形成するためにもコミュニケーションスキルが必要です。

送り手としての的確な情報の伝達のためだけではなく、〝受け手〟として情報を受け取るためにコミュニケーションスキルを啓発する必要があります。

利用者との関係性には、情緒的交流や言葉を使わないコミュニケーションがあります。言葉を使わないコミュニケーションのことをノンバーバル・コミュニケーションと言います。

●伝えるスキルの向上に必要なこと

相手に対して、情報を的確に伝えることは難しいことです。正確な言葉を使用したつもりでも、相手の理解のしようとする態度や能力や雰囲気によっては、正確には伝わらないことが多いものです。

言ったつもりでも、相手に届いていないか、聞いていないこともありますから誤解を生じかねません。

伝えるスキルの向上には、３つのことが必要です。

■伝える言葉に変えるコツ

①伝えたい言葉を工夫する

簡潔で相手に一度で理解できるような言葉を選びます。専門用語を使いたいときには、相手に納得してもらえる言葉で言い換えるなどの工夫が必要です。

②相手に届く工夫をする

相手に届くためには、相手に理解してもらうように言葉を使用するとともに雰囲気を和らげる工夫が必要です。相手が心を開いてくれるような雰囲気をかもし出す努力です。
③確かめる
相手からのフィードバックを受け止めて、間違いがないかどうかを確認する必要があります。有効な「申し送り」のためにはフィードバックという確認をすることが必要です。

●感受性と柔軟性

対人関係のスキルには、人間関係の感受性と行動の柔軟性を発揮する能力が含まれています。感受性と柔軟性の能力は、後天的な学習によって身につく能力です。

対人関係の感受性とは、人間関係の共感性を培う能力です。

仕事は人間関係に深く関わります。

人と人との調整、連絡、教育と評価、すべて人間関係の交流です。相手の側に立って相手の気持ちがわかる感性、相手のこころの動きを感じて、了解できる能力が感受性です。

こころの通い合う親密な人間関係が成立するためには、自分のこころが相手に届き、相手のこころが自分にわかるという交流の同時性が必要です。こころの中の情報は言葉によって誤解を招いたり、一方的な了解をして独断と偏見を招くことがあります。

日常生活の中で会話の仕方や確認し合うコミュニケーションを通して、相手の立場になろうという自己努力によって磨くことができる能力です。

柔軟性は、臨機応変に対応していく判断の柔らかさです。

たとえば、ある目標地に行きたいとします。どんなルートがあるか、様々な条件で考えられます。あれこれ考えて、最適なルートを選択します。

スタートしてからもさらに良いルートがわかったり、変更しなければならなくなったりします。決定に固執することなく変更することが行動の柔軟性です。

行動の柔軟性は、適宜に判断をして決定を変え、より有効な行動をしていく能力を活かす技能です。

ポイント **対人関係のスキルには人間関係の感受性と行動の柔軟性を発揮する能力が必要**

4 介護福祉士ですが、施設の利用者との関係が上手くいきません。よかれと思ってやったことでも口も聞いてくれないときもあります。怒鳴りたい気持ちになることも時々ですがあります

家族間でもギクシャクすることがあるように、いつもいつも良い関係というのは不自然です。利用者との関係は他人同士ですが、さながら家族のようですから厄介なことがあります。

●介護福祉士の役割

利用者に対するケアはダイバーシティ（多様性）ですし、ダイナミック（動的）です。

（1）個別的、直接的、即時的、独自的、全人的なケア

①個別的なケアを実践する

人間は一人ひとり違いがあり、その日、その時の気分も一様ではありません。一人ひとりを見極めて個別的なケアを実践する必要があります。

②直接的なケアを実践する

利用者は一人ひとり個性があり、同じような状態や症状であっても一律ケアを実践することはできません。

利用者と一対一の直接的な関わりを持ってケアを実践します。

③即時的なケアを実践する

今、只今の対応が求められます。利用者の心の動きに敏感に対応した即時的なケアが要求されます。一期一会、今がそのときです。

④独自的なケアを実践する

利用者は、年齢やキャリア、生活環境や性格も違っていますから一律にケアすることはできません。独自的なケアが必要です。

④全人的なケアを実践する

人間まるごとを受け止めたケアが求められています。利用者に対して全人的に関わります。

（2）ダイナミックな営みに応じたケア

ケアはダイナミックな営みです。

①知識と情動的なコミュニケーション

介護科学の知識、介護技術の実践、支援行為を通して、情動的なコミュニケーションによって利用者にダイナミックに関わります。

②状況対応型のコミュニケーション

あるときにはカウンセラーのように、あるときには親が子に諭すように関わります。

細々した生活の支援から、生き方や死に方に関する話にも応答していく関係性を持ちます。定型的な関わりではなく、臨機応変に対応する〝状況対応型のコミュニケーション〟

によって介護行為を実践します。

③期待したコミュニケーション

利用者の側からすると、ケアの道筋を理論整然と聴くよりも、今の不安な気持ちや訴えを聴いてもらいたい気分になることが多々あります。

どんなに理屈を述べても、利用者はそれを受け止める心の余裕がないことが多いのではないでしょうか。

④信頼関係を形成

利用者の応答の仕方や程度から、ミスマッチのケアあるいは不具合なケアを是正するために、利用者が期待しているコミュニケーションの方式を実践することが必要です。

感覚的で状況対応型の関係性をつなげていくことが介護の仕事です。相互の信頼関係を形成していくことが介護の仕事です。

ポイント　コミュニケーションを通して信頼関係を作っていく

5 教育、教育って言うけれど、その分、現場の仕事がおろそかになることは知ってるはずでしょ。教育しないと補助金が出ないと言われても給料が上がるわけではないし

施設ぐるみで介護職の能力向上をめざす努力が必要です。

利用者に直接関わる介護職は、臨機応変に対応できる人間関係の対応力が求められます。臨床の場で適切な判断を下し、的確な行動をとる人間関係の能力は、知識や学識のみではなく利用者との関係性や応答から適宜選択し対応していくことで育むものです。

それには介護職個人の資質能力を磨く広い意味での教育によって向上をめざすことができます。

●教育と学習

子どもの教育と成人の学習は明らかに異なります。

（1）人格形成過程の教育（Petagogy　ペタゴジー、幼少年の教育の意味）

人が人間として育つのは、人と人との交わりを通して、自らが体験学習をしていきます。教育は教え込むような教育者の立場から考えることが多くなるものです。

ペタゴジーは白紙の状態の子どもに対して、新しい知識や習慣を教え込む教育です。それは教える側が学ぶ子どもに対して、子どもの状況を配慮しながらも、一方的に伝授する

方式によって多くの知識を教示します。

子どもは教える人の権威に依存しながら受動的に学びます。言い換えれば教える役目の介護福祉士の善し悪しによって対象者の成長が左右するといってもよいほどに、教育の鍵は教える役目の介護福祉士が握っています。

(2) 成人の学習（Andragogy　アンドラゴジー、成人の学習の意味）

学習は学ぶ側の立場になって考えることを重視します。教育は教育者が中心、学習は学ぶ人が中心です。

アンドラゴジーは、学習者中心の立場をとり、人それぞれのニーズに合わせた学習をしていくところに特色があります。学習者の主体性を尊重し、個性を重視します。個人差のある学習過程であり、学習の成果も異なります。

(3) 成人の学習にも教え込みがある

成人も新規な知識や新しい技術の学習には、教え込まれて理解していくこともあります。たとえばコンピューターの技術を学習するには、最初は教えてもらわないと理解できませんから子どもの教育と同じく、対象者は受け身の学びを強いられます。

●まねび

介護基礎教育は、まねて、まなんで、実践することが基本です。人間は新しいものを覚えたり学んだりするときには3つの段階（学習過程）があります。

①真似る

教え込まれたり模倣をしながら学びとっていきます。教えられたり真似たりしながら咀嚼します。

「まねる」段階では一方的な伝達で伝えることが多いものです。広い知識を組織的に系統づけて伝えられます。

教えられるままに新しい知識が系統的に教示されるのです。知識を体系的に理解する上で効果的な方法です。しかし、臨機応変に活用する段になるとそうはいきません。

②学ぶ

真似たことや教えられたことが自分のものになり、身につきます。

③作り出す

「模倣や学び」から、「創意工夫」をして、成長していきます。

この3段階の学習過程は、教える人や共に学ぶ人との関係性を抜きにしては成り立ちません。コミュニケーションの交流の過程で学習が進んでいくこと、言い換えれば、教える側も学ぶ側も相互に刺激し合いながら、それぞれの学習を積み重ねていくことが介護実践教育です。

●プリセプターシップ

学習者中心の自学自習的な仕組みがプリセプターシップです。

プリセプター（Preceptor）とは教える人という意味です。１９７０年代にアメリカで、主として医学生が特定の分野の専門家の管理を受けながら実習経験を重ねる研修のことをプリセプターシップと呼ぶようになりました。

プリセプターシップはＯＪＴ（On the Job Training）の範疇です。ＯＪＴは、手から手へ伝えるという個人的体験学習で、先輩の助言や支援を受けながら試行錯誤する選択学習です。

個人的な交流が多くなり、知識や技術だけではなく、ときには態度や性格などに及びます。相互学習を通して体験する、いろいろな事象を選択的に自分が選んでいく過程がプリセプターシップの中核です。

ポイント　コミュニケーションの交流の過程で学習経験を重ねていく

6 教育という名の講演でしょう。眠たいだけ、講師もありきたりのことばっか。時間の無駄ってわからないのかしら

●教育はすぐには効果が出ない

教育はすぐに効果が出るものではありません。

すぐに効果が出ないとなると受講する者から反発が出るのも致し方ないことです。それでも、教育は欠かせません。

そこで、教育技法の是非が問われます。教育技法の効果的活用について確認してみましょう。教育技法は体験学習に勝るものはありません。体験学習要素を組み込んだ技法を活用してください。

●ロールプレイングを活用する

ロールプレイングは現実に近い状況を設定し、関係者に特定の役割を演技させることによって役割の立場の理解、現実にたち向かう主体性や問題解決力などを高めることがねらいです。

(1) ロールプレイングの形態

J・L・モレノが考えたサイコドラマが源泉です。サイコドラマとは心理劇のことです。ロールプレイングは、対人関係上の洞察力や問題解決力を高めるものと基本動作やスキル

を身につけさせるものに区分することができます。前者を型から出すロールプレイング、後者を型にはめるロールプレイングということもあります。

（2）目的

ロールプレイングの目的は4つあります。

①心理洞察や場面洞察力を高める

役割を演じ、状況、場面を客観的に観察することによって、心理的な動きがつかめ、グループダイナミックスが働いているかを把握することができます。

②主体性、自発性を高める

行動することによる体験学習です。主体性、自発性が高まり行動力が身につきます。

③正しい動作やスキルを体得する

繰り返して訓練しますから、正しい動作やスキルを体得することができます。

④態度変容や行動変容を促す

演技の過程で、自己を振り返り、反省することができます。行動や態度について自分を振り返る機会になります。

（3）実施上の留意点

ロールプレイングを実施するときの留意点です。留意点を絞ると3つほどになります。

①「今、ここで」の原則で進める

体験、実践を通じて、学ぶために演技や観察に没頭させる必要があります。今ここでの視点から何が起きているのか、どのような演技が必要かなど意識させ、問題意識をもたせて進めていきます。

②体験を通じて身体で覚える

体験を通じて学ぶよう仕向けることです。そこでは、反復訓練が基本です。繰り返しの訓練が大切です。

③即座にフィードバックする

失敗や成功が学習効果を高めます。問題だと思ったときあるいは疑問に思ったことは即座にフィードバックします。そして、確認します。

（4）基本的な進め方

即興法と呼ばれる方式が効果的です。教える役目の介護福祉士が相手役になり、即興的に即座に演技を行なう方式です。場面を設定しただけの即興で行なうため、応用動作や洞察力を身につけるのに役立ちます。即興的の手順は以下のとおりです。

①演技者を選ぶ

参加者の中から演技者を選定し、口頭で役割と演技内容を説明します。

②演技を行なう

演技者はそれに応じて自由に演技します。他の参加者は演技を観察することになります。

③演技を修正する

演技の問題点を指摘し、理想演技へと導いていきます。

④小グループ別の演技に入る

参加者を３～５名の小グループに分け、それぞれのグループ内で相互に演技の練習を行ないます。３名で行なう方法をトリオ演技法と言いますが、効果があります。
⑤応用技法を組み入れる
演技の性質に応じて応用技法を適宜組み入れて実施するとさらに効果が高まります。応用技法に以下のものがあります。
・役割交換法
自分の役割と相手の役割を相互に交換し、相手の立場から演技を観察させます。自分の立場や役割が客観的に観察できます。心理洞察にも役立ちます。進行過程で役割を変えるやり方をスイッチ法と言います。
・ものまね法
役割を交換し、相手の演じた演技をそのまま行なって、相手に問題点を気付かせる方法です。ツーウェイロールプレイング方法と言います。
・応用制限法
特定の言葉を制限して演技させる方法です。たとえば、「いいわけ厳禁、否定的説明厳禁」で行なうなど工夫すると効果が高まります。
・車輪法
指導者が輪の中央に入り、円の参加者に順番に演技をつけていく方法です。

ポイント **体験学習に勝る教育法はない**

7　一方的にしゃべっていると言われても、これでも、相手の話を聞いているつもりなんだけど……

●話し方の留意点

話し方の留意点は結構あります。

（1）一方的にしゃべらない

どのように耳を傾けて相手の話しを引き出すかにかかっています。積極的に聞く姿勢がないと聞き流しになりがちです。

（2）具体化する

具体的な質問を効果的に用います。相手の気持ちや本音を聞き出します。質問を細かく区分して、具体化します。

①肯定的、仮定的な次のような質問をする

「それをやるにはどうしたらいいか」

「もしあなたならどうするか」

②言葉の意味、状況、判断基準を問いかける

「それはどういう意味なの」

「どうしてそう考えたの」

「気持ちを確かめることで、そのときどう感じた」

「本当はどう思う」

など5W1Hの要領で具体化して、ピンポイントで絞り込んでいきます。

③自分の考えを押し通さないようにする

説教にならないように、提案や自分の考えとして次のように話します。

「私はこう思うが、あなたはどう考える」

「こうしたほうがいいと思うけれどどう思う」

④事実に基づいて話す

聞き手と共有できる事実を確かめます。

⑤感情的にならないようにする

「そういう言い方をされると困るな」

⑥フィードバックする

聞き手に確認して、相互で要点を確かめながら進めます。

⑦はっきり言う

言うべきことをきちんと言います。

●「言いたいこと」をはっきり言うスキル

言いたいことが明確なだけでは不十分で、伝えるためには次のようなポイントがあります。

(1) 言いたいことを表現する

言葉の力が必要です。
言葉の力には次の３つがあります。
①対象を明確にする
何を言っているのか、対象を明確にします。
②自分はどう思ってるかを表現する
自分はどう考えているのか、自分自身を表現します。
③相手が受けとっていることを確認する
相手はどう受け止めているのか、相手の受信能力や状態を確認します。

（２）アサーティブに表現する
要求や感情を伝えるのではなく、相手にもわかる事実を伝えます。そうすることで、**自分の感情を押さえることができます。**

感情を感情としてではなく、言葉として表現することが大切です。**感情を言葉にするコミュニケーション**です。非難したくなったとしたら気持ちを抑えて、状況を観察します。

アサーティブに表現することで、次のような効果が期待できます。
①自分の感情との間合いを取ることができる
②相手の感情とも距離を取ることができる
③要求や希望を明確に表現することができる
④共有できる事実を確かめることができる

（３）観察する

感情にとらわれない状況把握をするためには相手を観察することです。観察することによって事実を客観的に把握することができます。**売り言葉に買い言葉にしない**ことです。そのためには、５Ｗ１Ｈの要領で具体的な提案や提言をすることです。**観察した事実と感情を区別することによってメッセージを伝えることができます。**

そして、選択肢を提案します。やるかやらないかというのは提案ではありません。相手の意志で選択できる可能性のある提案をすることです。

ポイント　感情を言葉にするコミュニケーションを意識して「相手にわかる事実」を伝える

8 聞いているようでいて聞いていないってどういうことですか。何を言いたいのか聞き取るようにしたらいいと言われても

漫然と聞いているのではなく、傾聴する姿勢が必要です。そのためには、相手が何を言いたいのかを聴き取ることです。

●聴くスキルを高める

（1）相手が話している事実を聴く

相手の言っている事柄を受け止めることです。まずは、うなずいてください。うなずきは、認めたということではありません、聴いていますよという合図です。相手の言っていることに賛同したということではありません。「あなたの言っていることを受け止めています」という合図です。

相手の言っていることを賛否と別に、「そういう理由があったんだね」とまずは、受け入れることです。

（2）批判、否定、とがめ立てをしない

批判、否定するときにはためらいがちが付きものになります。とがめられたら不愉快になるものです。批判されたら自己弁護をします。その結果、事実を歪曲することにもなるでしょうし、事実を語るのをやめるかもしれません。

とがめには、自分の価値観や意志を押しつけるところがあります。「そうね」とか「なるほどね」とかといった言葉で返すことです。受け止めていることを伝えることが大切です。

（3）支持する

仕事に対する能力と自信のことを「有能感」とか「有効感」と言います。自分が仕事をしている意味を周囲に認めてもらえているという実感です。貢献していることと対をなします。支持することは、承認していることです。

（4）受け止めていることを相手に返す

うなずいたり、相槌を打ったりすることだけではなく、相手の言っていることを受けとめていることを相手に返すことが必要です。受け止めたことを**フィードバック**するということです。

フィードバックとは、まずは、相手が自分のことを相手の目を通してみることです。そのうえで、相手が自分のことをどう受け止めたかを聞くことです。言っていることを確認し、曖昧なことを明確にし、受け止めた事実と意味を共有化し、方向性を確認します。こうしたプロセスが効果的な質問につながります。

●質問のスキルを高める

相手と事実を共有化するために質問します。

（1）何のための質問か

質問するためには相手と向き合う必要があります。相手と向き合うためには、まずは自分自身の行動、自分の置かれた状況、自分の立場と向き合うことです。「どうすればよかったか」「他にどんなことができたか」「何が欠けていたのか」などを自分自身と対話します。自分自身との対話なくして、動機も意欲も生まれません。

（2）開かれた質問

相手がしゃべりたくないと思っているときに、「はい」「いいえ」で答えられる質問をしても答えることは少ないものです。これでは相手に語らせることにはなりません。

開かれた質問の要点は次のとおりです。

①具体例で質問する
具体例を挙げて質問します。
②質問を細分化する
５Ｗ１Ｈ（誰が、いつ、どこで、何を、なぜ、どのように）の要領です。
③仮定を立てる
「どうしたらいいと思いますか」などのように仮定を立てて質問します。
④意見を聞く
「あなたはどうしたらいいと思いますか」などです。
⑤問題を確かめる
「気になることは何ですか」「困ったことはどのようなことですか」などです。
⑥曖昧さを確かめる

「それはどういうことでしょうか」などです。
⑦意味を確かめる
「どのような意味があると思いますか」などです。
⑧根拠を確かめる
「どうしてそう思うのですか」などです。
⑨事実を確かめる
「いつ」「どこで」「だれが」「何を」「どうしたか」などです。
⑩思いを確かめる
「どうしたかったのですか」などです。
⑪本音を確かめる
「あなたの本音を教えたください」などです。
⑫影響を確かめる
「どうなると思いますか」などです。
⑬求めていることを確かめる
「どうしたいのですか」などです。
⑭課題を確かめる
「何をしたらいいと思いますか」などです。

ポイント **何を言いたいかを聞き取るようにする**

9

目標設定がおかしいから目標の達成が困難になるんだって。それなら、目標を設定したときに指摘してくれればいいのに。目標が達成されないからって、何よ今さら

目標とは、到達すべきゴールであり、標的とすべきターゲットです。

ゴールとかターゲットとは、

・期待される成果の内容と程度を具体化したもの

・目的、方針、希望、意欲を具体化したもの

・解決すべき課題（問題）を具体化したもの

です。目標は、設定段階で活動を評価する基準を明らかにする必要があります。

●目標達成活動

（1）目標を具体化する

5W3Hの要領で具体化します。

WHAT	何を	（目標項目）
WHEN	いつまでに	（期間、期限）
WHO	誰の	（担当者、当事者）

WHY	なぜ	（方針→達成基準）
WHERE	どこで	（達成場所、実施場所）
HOW MUCH	どれだけ	（定量的、計数）
HOW MANY	いくらで	（予算、経費）
HOW	どうやって	（方策）

（2）望ましい目標水準

望ましい目標水準とは、挑戦的であり意欲を駆り立てる高さと内容です。困難ではあるが不可能ではないという意味です。

（3）目標の種類

６つほどあります。

長期目標…長期にわたる目標であり、中間目標の設定が必要です。
成果目標…品質目標など成果に関わる目標であり、定量化する必要があります。
手段目標…成果目標を達成するための手段です。
共同目標…プロジェクトの目標です。
改善目標…業務遂行上の改善目標です。
改革目標…業務処理上の改革目標です。

（4）管理項目

目標は管理するものです。管理のためには評価項目が必要です。管理する理由は、観察し、状況を把握し、不具合を修正するためです。管理には、プロセスに関するものと結果に関するものがあります。

①プロセスに関するもの

管理点と言います。方策の適合性、方策の実行状況、方策の効果を管理します。評価の対象が方策であり、事前、中間、事後それぞれの時点で評価します。

②結果の評価に関するもの

評価点と言います。目標の達成状況を評価します。結果の評価は、目標の達成度合を把握するために必要です。目標値と達成基準に基づいて実施状況を評価します。定量的な目標は容易に評価できますから、目標設定時には可能な限り定量化する必要があります。定性的な目標は、達成基準の内容をいくつかの項目に分けて多面的に評価します。結果の評価は、目標達成基準（評価点）によって目標の達成状況を把握しているかの確認するものです。

③目標が達成された場合

方策が正しく実行されて効果をあげた、他の条件が良かった、環境条件が変化したために効果が出たということもあります。

通常は計画時の方策を変更し、強化し、効果をあげたかどうかを評価します。

④目標未達の場合

方策がきちんと実行されなかった、方策が実行されたが他の条件が悪かった、環境条件に対応するために他の方策も考えたが効果が得られなかった、などというのが未達の要因です。

（5）行動

方針を徹底的に追究し、方策どおりに実行します。そのため、権限の拡大と明確化は欠かせません。達成活動上の自由度、職務の充実と拡大が必要です。

●目標の管理活動

目標の管理活動の目的は、組織目標の体系的な達成です。そのために手段としては、職務と目標を明確化し、全員に対する動機づけが求められます。

（1）強調点

設定段階（Plan）、実行段階（Do）、観察段階（See & Control）それぞれに、円滑なコミュニケーションが必要です。

具体的には、目標を軸として、組織と個人との統合を図り、個人の動機づけに支えられた目標の体系化として組織全体の目標に連動させることです。

（2）プラン段階

上司が部下に対して組織全体の目標と方針を明示します。

部下は、状況を理解し、自己の目標を立案して、上司と話し合い、検討して納得した状態で確定します。

目標設定の条件は5つあります。

①最終結果を示したもの

②具体的であること
③実現可能であること
④達成期待を明示すること
⑤成果の評価測定ができること

(3) Do段階

上司は部下に意欲的に行動できるように環境づくりをします。権限をできるだけ委譲し、目標達成を援助し支援します。部下は、目標達成に向け、創意工夫し、意欲的に行動し、常に自己統制を行ないます。

(4) See段階

成果を評価基準に照らし、自己評価し、上司と話し合います。上司は部下を評価する場と考えるのではなくて、育成する場と考えて臨みます。

部下には反省の場であり、次期の目標設定のための重要な情報収集、検討の場となります。

●あらためて目標とは

期待される成果です(expected results)。

組織目標は、上司から委任された「期待する成果」であり、個人目標は自分が設定する成果です。

組織目標とは、3つです。

①組織全体としての「期待する成果」です。

②組織の長には「期待する成果」を達成する責務があります。
③組織全体の成果を分割して部下に委任します。
①②③のうち、③は自分の目標を分割し、重要なものは自分の目標として保留し、比較的重要度の低いものを部下に委任することです。
委任された部下は、重要なものを保留し、比較的重要度の低いものをさらに部下に委任します。

●目標管理の意思決定

A．管理者が手持ちの情報により自分で意思決定を行ないます。
B．部下から情報を得て、決定は自分で行ないます。
C．部下と相談して、アイデアや示唆を受けることもありますが、決定は自分で行ないます。
D．集合会合の状況で部下と相談することがありますが、決定は自分で行ないます。
E．部下集団の合意が得られるように、組織全体として部下と問題を分かち合い、管理者としての役割を果たします。

ポイント　目標は、設定段階で活動を評価する基準を明らかにする

諏訪免典子（すわめん・のりこ）

看護学修士（老年看護学）。看護師、介護支援専門員、産業カウンセラー。
◎―職務歴：日本医科大学付属病院、原三信病院、久我山病院の病棟勤務を経て、訪問看護ステーション所長。NPOシルバー総合研究所において高齢者ケアに関する調査研究、研修企画運営に携わる。現在は、株式会社ケイツーマネジメントにてケアコーディネーターとして、「働く人の健康管理と介護予防」をテーマに企業の健康管理（産業看護）に携わる一方、地域における看護、看取り期におけるケアのあり方を思索しつつ看護実践をしている。
◎―講師歴：老人福祉施設協議会、社会福祉協議会、看護協会等において、高齢者ケア、看取りケア等をテーマに研修講師として活躍。昭和大学兼任講師、他看護系大学非常勤助手を担当している。
◎―著作：『もしあなたが「看取りケア」をすることになったら　～本人の意志をかなえる平穏な最期を迎えるお手伝い～』『地域連携クリティカルパスの進め方』『看取りケアの基本スキルがよくわかる本』『スーパーケアマネになる方法』（小社刊）、『認知症の人の見守り・ＳＯＳネットワーク実例集』（中央法規刊、編著）、『メンタルヘルスハンドブック』『ナースのためのＯＪＴその理論と実践』（産労総合研究所刊）、『改訂第２版　新生児・小児医療にかかわる人のための看取りの医療』（治療と診断社刊）等がある。

〈連絡先〉（株）ケイツーマネジメント　TEL 03-3828-6598

残念《ざんねん》な介護現場《かいごげんば》を一瞬《いっしゅん》で変《か》える
コミュニケーション練習《れんしゅう》ノート

2017年10月２日　初版発行

著者　諏《す》訪《わ》免《めん》典《のり》子《こ》
発行者　常塚嘉明
発行所　株式会社　ぱる出版

〒160-0011　東京都新宿区若葉 1-9-16
03(3353)2835 ― 代表　03(3353)2826 ― FAX
03(3353)3679 ― 編集
振替　東京 00100-3-131586
印刷・製本　中央精版印刷(株)

ISBN978-4-8272-1086-6　C0034